Silvester und Neujahr

Herausgegeben
von German Neundorfer

Fischer Taschenbuch Verlag

Originalausgabe

Veröffentlicht im Fischer Taschenbuch Verlag,
einem Unternehmen der S. Fischer Verlag GmbH,
Frankfurt am Main, Dezember 2008

Für diese Ausgabe:
© S. Fischer Verlag GmbH, Frankfurt am Main 2008
Satz: MedienTeam Berger, Ellwangen
Druck und Bindung: Clausen & Bosse, Leck
Printed in Germany
ISBN 978-3-596-90119-7

Unsere Adressen im Internet:
www.fischerverlage.de
www.fischer-klassik.de

Inhalt

Grundsätzliche Neujahrs-Gedanken

Neujahrs- und andere Wünsche

Aus dem Gesellschaftsleben

Freiheitsgesänge, vaterländische Gedanken und andere Politika

Blicke in die Zukunft

Mit der Freude zieht der Schmerz
Traulich durch die Zeiten.
Schwere Stürme, milde Weste,
Bange Sorgen, frohe Feste
Wandeln sich zur Seiten.

Und wo eine Träne fällt,
Blüht auch eine Rose.
Schön gemischt, noch eh' wir's bitten,
Ist für Thronen und für Hütten
Schmerz und Lust im Lose.

War's nicht so im alten Jahr?
Wird's im neuen enden?
Sonnen wallen auf und nieder,
Wolken gehn und kommen wieder
Und kein Wunsch wird's wenden.

Johann Peter Hebel

Grundsätzliche Neujahrs-Gedanken

Neujahr

Neujahr. Es liegt in der Natur des Menschen, jedem neuen Zeitabschnitte eine besondere Aufmerksamkeit zu widmen. Gleich dem Wanderer, der auf der Höhe eines Berges angelangt, einen Augenblick rastet, um einen Blick rückwärts nach dem zurückgelegten Pfade zu werfen, und mit einem andern, das noch vor ihm liegende Ziel zu messen – verweilt unwillkürlich der Pilger auf dem Lebenswege, wenn die letzte Stunde des Jahres in das unermessene Meer der Vergangenheit rollt, um nie wiederzukehren, und versucht es, die nie rastende Zeit zu fesseln. Stunden und Tage sah er gleichgültig vorübereilen, oft wünschte er ihren Lauf zu beflügeln, aber jetzt, wo das letzte Abendroth hinter die Berge sinkt und die letzte Jahresnacht ihren dunkeln Mantel über Erde und Himmel breitet, jetzt, ehe sich die Pforte der Vergangenheit für immer schließt, ehe er hinüber schreitet in das neue Morgenroth, steht er still und seine Blicke folgen der Scheidenden. Sind es Freuden oder Schmerzen, die so gewaltig dein Inneres bewegen? Sind es Erinnerungen oder Hoffnungen, die dich auf dem ernsten Scheidewege zwischen Vergangenheit und Zukunft wach erhalten? Wer mag es wissen, wer kennt sich selbst genug, um Rechenschaft zu geben, wenn so verschiedenartige Eindrücke, gleich feindlichen Elementen, die Saiten des Herzens berühren? Doch wäre es auch die Thräne, die wir einem verlornen Lieben nachweinen, wäre es die drückende Last eines sorgen- und schmerzenvollen Lebens, die am Schlusse des Jahres um desto schwerer wiegt, weilt auch der Blick auf eingesunkenen Gräbern: – von Osten her schreitet das Neujahr durch die goldene Pforte der Morgenröthe, frische, kühlende Lüfte legen sich auf die Brandwunden des Herzens, der lichte junge Tag zertrümmert die Nachtdecke und an seiner Hand führt er unsern treuesten, nie alternden Freund, die Hoffnung! Und so reichen sich denn die beiden Schwestern – Zukunft und Vergangenheit – auf der Grenze, die sie scheidet, den Liebeskuß, und Millionen Herzen fühlen den Pulsschlag, den er entzündet, und feiern mit ihnen das Fest des jungen Jahres. – Wir finden die Feier des neuen Jahres bereits bei den Juden, welche diesen Tag für Adams Erschaffungstag hielten. Die Römer opferten an demselben dem Janus, man zündete an vielen Orten Räucherwerk an, der neu erwählte Magistrat zog in's Capitolium und opferte für den Jupiter, alle an diesem Tage vorgenommenen Geschäfte hatten sich eines guten Erfolges zu erfreuen; man schenkte sich vergoldete Datteln, Feigen, Pflaumen, selbst die Kaiser nahmen Neujahrsgeschenke an, welche später zur Abgabe wurden. Bei den Christen ist der Neujahrstag das Fest der Beschneidung Christi und gilt als hoher Festtag. Früher wurde er an vielen Orten am 25. März gefeiert und bis in's 14. Jahrhundert in Deutschland am 25. December. Die sonst so üblichen Neujahrsgeschenke haben sich in Deutschland meist in Gratulationen umgewandelt. Die Neujahrswünsche sind namentlich in Wien und Paris ein Gegenstand der Eleganz und Mode; auch verknüpft man damit in der Regel kleine Geschenke, die in Frankreich Etrennes heißen. Der Volksaberglaube hat überdieß an vielen Orten während der Neujahrsnacht Gebräuche aufrecht erhalten, deren Entstehung in die früheste Vorzeit zurückfällt. In dem mittäglichen Schottland z. B. beeilen sich die jungen Mädchen, sobald es am 31. Decbr. 12 Uhr geschlagen hat, den nächsten Brunnen zu erreichen, um dort die obersten Lagen des Wassers abzuschöpfen, was man die Sahne vom Brunnen sammeln nennt. Die Glückliche, der dieß zuerst gelingt, ist gewiß, den schönsten und liebenswürdigsten Jüngling des Kirchspiels zum Gatten zu erhalten. Während die Mädchen zum Brunnen laufen, singen sie:

Die Blume vom Brunnen, sie kehrt in mein Haus,
Mich wählet der stattliche Junge wohl aus.

Sylvester-Lied

Vorsänger.
Herzchen im Thurme:
Schlagende Uhr,
Klinge im Sturme
Durch die Natur;
Bring' uns die ferne
Sonne zurück,
Feurige Sterne
Ahnen dies Glück:
Himmlisch getragen
Bringst du das Jahr:
Zwölf hat's geschlagen
Deutlich und klar!

Chor.
Öffnet die Fenster
Allem Geschrei,
Wolkengespenster
Zieht nun vorbei!
Was heut die sinkende
Sonne bedacht,
Zeigen schon blinkende
Sterne der Nacht,
Sind schon von wärmender
Sonne durchblickt,
Sind schon von schwärmender
Liebe entzückt.

Vorsänger.
Dreht sich das alte
Jahr nun zurück:
Daß sich erhalte
Älteres Glück, –
Kommt nun das neue
Jahr in die Welt:
Daß sich zerstreue,
Was uns mißfällt, –
So ist gestaltet
Göttergeschick,
Treulich verwaltet
Alle dies Glück!

Chor.
Hände verschlinget,
Herzen vereint:
Was uns durchdringet
Festlich erscheint;
Wir, als die Wissenden,
Thun uns hier kund:
Schließen mit küssenden
Lippen den Mund,
Daß uns magnetische
Weihung durchglüht
Und das poetische
Neujahr erblüht.

Vorsänger.
Geistig beginnet,
Was sich erneu't,
Geistig gewinnet
Jeder die Zeit;
Tief im Gemüthe
Waltet die Kraft,

Daß sich die Blüthe
Hoffend erschafft;
Wünschet heut offen:
Was euch erfreut,
Sehet im Hoffen
Alles erneut.

Chor.
Immer im Dunkel
Kommt uns das Jahr,
Weines-Gefunkel
Machet es klar;
Bringt uns die klingenden
Gläser herbei!
Schließet die singenden
Kehlen aufs neu:
Sammelt die feurigen
Wünsche beim Glas,
Keiner der Eurigen
Beiße in's Gras!

Vorsänger.
Fröhliche Schwestern!
Trinkt auf die Zeit:
Eben war gestern,
Eben ist heut;
Herrliche Brüder!
Schenket euch ein:
Zeitengefieder
Rauschet beim Wein;
Hebt uns zum Tanze,
Dreht uns im Kreis,
Schwinget im Kranze,
Jüngling und Greis.

Chor.

Lasset uns schweben
Über die Welt,
Allem ergeben,
Was uns gefällt;
Wenn der geflügelte
Gott aus uns spricht,
Flieht das geklügelte
Faltengesicht,
Und im erheiternden
Hauche der Zeit
Ziehen die scheiternden
Schiffe noch weit!

Opfer am Fest des Hornblasens, am Versöhnungstag und am Laubhüttenfest
(4. Mose, Kapitel 29)

[1]Und der erste Tag des siebenten Monats soll bei euch heilig heißen, daß ihr zusammenkommt; keine Dienstarbeit sollt ihr da tun – es ist euer Drommetentag – [2]und sollt Brandopfer tun zum süßen Geruch dem HERRN: einen jungen Farren, einen Widder, sieben jährige Lämmer ohne Fehl; [3]dazu ihr Speisopfer: drei Zehntel Semmelmehl, mit Öl gemengt, zu dem Farren, zwei Zehntel zu dem Widder, [4]und ein Zehntel auf ein jegliches Lamm der sieben Lämmer; [5]auch einen Ziegenbock zum Sündopfer, euch zu versöhnen – [6]außer dem Brandopfer des Monats und seinem Speisopfer und außer dem täglichen Brandopfer mit seinem Speisopfer und mit seinem Trankopfer, wie es recht ist –, zum süßen Geruch. Das ist ein Opfer dem HERRN.

Neujahrsglocken

In den Lüften schwellendes Gedröhne,
Leicht wie Halme beugt der Wind die Töne:

Leis verhallen, die zum ersten riefen,
Neu Geläute hebt sich aus den Tiefen.

Große Heere, nicht ein einzler Rufer!
Wohllaut flutet ohne Strand und Ufer.

An Franziska Nietzsche und Elisabeth Nietzsche

(Bonn, Ende Dezember 1864)

Liebe Mama und Lisbeth, gar zu gern möchte ich Euch einen Neujahrswunsch in Versen zuschicken, da ich Eure Vorliebe dafür kenne, aber es geht halt nimmer! Sei es nun, dass meine Ansprüche an ein Gedicht sehr gestiegen sind, sei es dass ich um einige Prozent nüchterner und – praktischer geworden bin, was gar nicht schaden könnte, – sei es endlich, dass die diabolischen Zahnschmerzen, die mich quälen, mir jede Begeisterung verjagen, fest steht, dass Verse mir heute nicht glücken. Darum wird notgedrungen Prosa antreten müssen. Dies zur Erklärung der Form meines Briefs.

Ich liebe die Silvesternächte und die Geburtstage. Denn sie geben uns Stunden, wie man sie sich freilich oft machen kann, aber nur zu selten sich macht, wo die Seele stillesteht und einen Abschnitt der eignen Entwicklung übersehen kann. In solchen Stunden werden entscheidende Vorsätze geboren. Ich pflege dann immer die Manuskripte und Briefe des verflossenen Jahres vorzunehmen und mir einige Notizen zu machen. Man ist für ein paar Stunden erhaben über die Zeit und tritt fast aus der eignen Entwicklung heraus. Man sichert und verbrieft sich die Vergangenheit und bekommt Mut und Entschlossenheit, wieder weiter seine Bahnen zu gehen. Es ist schön, wenn auf die Entschlüsse und Vorsätze der Seele – gleichsam die erste junge Saat der Zukunft – die Wünsche und Segnungen der Verwandten wie ein milder Regen fallen. Man sollte daraus nur keine Zeremonie machen, keine offizielle Nötigung. Denn wenn schon ein pflichtmäßiger Dank mich unmutig machen kann, wie viel mehr ein pflichtmäßiger Wunsch! Wo man überzeugt sein kann, dass die Seelen gegenseitig innigst zusammenstimmen, da wird der in Worte gefasste Wunsch zu einer Höflichkeit. Und Höflichkeit geziemt sich für die Gesellschaft, aber nicht für verschlungene Seelen.

Erspart es mir deshalb, die gewöhnliche Formel von Gesundheit, Glück usw. in einer mehr oder weniger neuen Weise auszusprechen. Dass wir uns lieb haben, sehr lieb haben, meine liebe Mama und Lisbeth, das muss uns genügen. Sagt das auch den lieben Tanten. Es ist mir unmöglich zu schreiben.

Nun erzähle ich Euch, was ich erlebt habe. Eigentlich wenig. Ich bin sehr viel zu Hause gewesen und habe mich am Manfred erfreut. Am dritten Feiertag war ich in der Oper und hörte den Freischütz, der mir im ganzen, ebenso wie der Oberen, missfiel. Die Höllenschluchtszene machte auf mich einen lächerlichen Eindruck. Gestern besuchte ich Doktor Deiters, der mir viel Schumann vorspielte. Zum Neujahr werde ich, Gott sei Dank, nur eine Visite zu machen haben, zu Prof. Schaarschmidts. Die Silvesternacht werde ich zu Hause verleben, wenn anders mich meine Zahnschmerzen nicht verlassen. Diese sind aber gegenwärtig so stark, dass ich während des Schreibens alle Augenblicke haltmachen muss und nur mit der größten Mühe Euch nicht meine Verstimmtheit zeige. Das Zahnfleisch rechts an den letzten Zähnen ist entzündet, und irgendein Zahn hohl, so dass der Nerv inkommodiert wird. Oder ich bekomme dahinten einen Weisheitszahn. Es wird auch nachgerade Zeit.

Abends ist jetzt gewöhnlich einer meiner Bekannten bei mir zum Besuch. Die schöne Stolle ist leider schon aufgegessen. Wie habt Ihr denn Euer Weihnachten verlebt? Ich erwarte sehnlichst den ersten Brief, mit dem, wie ich hoffe, zugleich das Geld für das nächste Quartal ankommt. Das erste Quartal hat mir *in summa* 130 Tl. gekostet. Davon fällt nun freilich eine stattliche Portion für die nächsten Vierteljähre fort, da die Gelder für Immatrikulation, Kollegien usw. bedeutend sind. Aber Du siehst, liebe Mama, dass ich mich in Bonn noch mehr einschränken muss. Länger als ein Jahr kann ich es des Geldpunktes halber hier nicht aushalten. Ich bin entschlossen, nachher nach Halle zu gehen und dort zu dienen. Mach Dir nur ja keine Sorgen, ich muss durchkommen. Über Geldsachen schreibe ich nur an den Onkel Bernhard. Aber ich wollte Dir nach dem ersten Quartale doch Nachricht geben. Ich führe übrigens genaue Rechnungen. Der durchschnittliche Wechsel in Bonn ist 500–600. Das ist nun alles nicht sehr schön, nicht wahr? Aber ich hätte schon einen besseren Schluss des Briefes machen können, wenn nur die Zahnschmerzen nicht wären. Das schöne Tuch behagt meinem Halse wohl, ebenso die Hosenträger meinem Buckel!

Euer Fritz

Aus dem Tagebuch

1847, d. 1sten Jan.

Ich will dieses Jahr, wie ich es mir schon oft vornahm, einmal regelmäßig Tagebuch führen, bloß, um zu sehen, ob etwas dabei herauskommt, und was. Hoffentlich brauche ich nicht zu dem Mittel jenes holsteinischen Kandidaten der Theologie, dessen Tagebuch ich als Knabe in Händen hatte, meine Zuflucht zu nehmen, dass ich nämlich die Blätter mit ewig wiederholten Berichten über mein Waschen, Haarkämmen, Kaffeetrinken und Pfeifestopfen fülle, um sie nicht weiß lassen zu müssen. Was mir fehlt, ist der Zwang zum Schreiben, ich meine nicht zum Dichten, sondern zum bloßen schriftlichen Aussprechen meiner Gedanken, denn die Form fängt an, mich zu tyrannisieren und mich selbst in gleichgültigen Äußerungen des geistigen Lebens zu hindern. Freilich glaube ich, dass ein jeder Dichter an dieser Krankheit leiden muss, wenn er das dreißigste Jahr zurückgelegt und sein individuelles Verhältnis zur Sprache kennengelernt hat, aber eine Krankheit bleibt immer Krankheit, wenn sie auch nur edlere Organisationen befällt, und es muss gegen sie gekämpft werden. Vielleicht wird das Tagebuchführen gute Dienste leisten. – Heute bin ich fast den ganzen Tag zu Hause gewesen und habe nur abends einen kleinen Spaziergang durch die Vorstadt gemacht, um frische Luft zu schöpfen. Meine liebe Frau (wozu das Adjektiv? und doch, wer lässt es aus, ohne ein ganz eigenes Gefühl zu haben!) meine liebe Frau befindet sich so wohl, als das Milchfieber und die damit verbundene Schlaflosigkeit es zulässt, an eine Rückkehr zu meinem in der letzten Szene unterbrochenen Trauerspiel ist für mich aber noch nicht zu denken, der Gemütszustand, worin ich mich befinde, ist noch immer zu gespannt. Nachmittags erhielt ich mit der Stadtpost ein Billett mit der lakonischen Anzeige, dass für mich auf dem Rothschildschen

Comptoir ein Paket liege; es wird von Bamberg aus Paris sein und wahrscheinlich den Aufsatz über mich enthalten. Ein treuer Mensch, dessen Anhänglichkeit um so höher zu schätzen ist, als sie aus einem reichen Geist hervorgeht. Abends kam Fritsch und blieb bis halb acht. Über Nacht werde ich die Obhut des Kindes übernehmen, ich habe die Mutter endlich so weit gebracht, dass sie in diese äußerst notwendige Trennung für die nächsten zwölf Stunden eingewilligt hat. Der kleine Schelm ist schon bei mir, sein Wiegenkorb steht auf meinem Sofa und die Magd liegt hinter mir auf ihrer Matratze. Heute viel darüber nachgedacht, ob das Talent schon an sich einen Vorzug begründet, oder nur zu einem Vorzug führt; die Frage ist, wenn man die Sphäre des moralischen Gemeinplatzes verlässt, nicht leicht zu entscheiden. Merkwürdige Situation zwischen mir und meiner Frau: sie liebt meinen Namen Friedrich und spricht ihn gern aus, ich kann ihn nicht ausstehen; an wem ist es nun, Rücksicht auf die Empfindungen des anderen zu nehmen und seine eignen zu opfern! Ich glaube, an ihr, auch zweifle ich nicht, dass sie es gern tun würde, wenn sie wüsste, dass ich, der ich durchaus nicht friedereich bin, mich so äußerst ungern Friedrich nennen lasse.

Neujahrsnacht

Im grauen Schneegestöber blassen
Die Formen, es zerfließt der Raum,
Laternen schwimmen durch die Gassen,
Und leise knistert es im Flaum;
Schon naht des Jahres letzte Stunde,
Und drüben, wo der matte Schein
Haucht aus den Fenstern der Rotunde,
Dort ziehn die frommen Beter ein.

Wie zu dem Richter der Bedrängte,
Ob dessen Haupt die Waage neigt,
Noch einmal schleicht eh der verhängte,
Der schwere Tag im Osten steigt,
Noch einmal faltet seine Hände
Um milden Spruch, so knien sie dort,
Still gläubig, daß ihr Flehen wende
Des Jahres ernstes Losungswort.

Ich sehe unter meinem Fenster
Sie gleiten durch den Nebelrauch,
Verhüllt und lautlos wie Gespenster,
Vor ihrer Lippe flirrt der Hauch;
Ein blasser Kreis zu ihren Füßen
Zieht über den verschneiten Grund,
Lichtfunken blitzen auf und schießen
Um der Laterne dunstig Rund.

Was mögen sie im Herzen tragen,
Wie manche Hoffnung, still bewacht!
Wie mag es unterm Vließe schlagen

So heiß in dieser kalten Nacht!
Fort keuchen sie, als möge fallen
Der Hammer, eh sie sich gebeugt,
Bevor sie an des Thrones Hallen
Die letzte Bittschrift eingereicht.

Dort hör' ich eine Angel rauschen,
Vernehmlich wird des Kindes Schrein,
Und die Gestalt – sie scheint zu lauschen,
Dann fürder schwimmt der Lampe Schein;
Noch einmal steigt sie, läßt die Schimmer
Verzittern an des Fensters Rand,
Gewiß, *sie* trägt ein Frauenzimmer,
Und einer Mutter fromme Hand!

Nun stampft es rüstig durch die Gasse,
Die Decke kracht vom schweren Tritt,
Der Krämer schleppt die Sündenmasse
Der bösen Zahler keuchend mit;
Und hinter ihm wie eine Docke
Ein armes Kind im Flitterstaat,
Mit seidnem Fähnchen, seidner Locke,
Huscht frierend durch den engen Pfad.

Ha, Schellenklingeln längs der Stiege!
Glutaugen richtend in die Höh',
'ne kolossale Feuerfliege,
Rauscht die Karosse durch den Schnee;
Und Dämpfe qualmen auf und schlagen
Zurück vom Wirbel des Gespanns;
Ja, schwere Bürde trägt der Wagen,
Die Wünsche eines reichen Manns!

Und hinter ihm ein Licht so schwankend,
Der Träger tritt so sachte auf,
Nun lehnt er an der Mauer, wankend,
Sein hohler Husten schallt hinauf;
Er öffnet der Laterne Reifen,
Es zupfen Finger lang und fahl
Am Dochte, Odemzüge pfeifen, –
Du, Armer, kniest zum letztenmal.

Dann Licht an Lichtern längs der Mauer,
Wie Meteore irr geschart,
Ein krankes Weib, in tiefer Trauer,
Husaren mit bereiftem Bart,
In Filz und Kittel stämm'ge Bauern,
Den Rosenkranz in starrer Faust,
Und Mädchen die wie Falken lauern,
Von Mantels Fittigen umsaust.

Wie oft hab' ich als Kind im Spiele
Gelauscht den Funken im Papier,
Der Sternchen zitterndem Gewühle,
Und: »Kirchengänger!« sagten wir;
So seh ich's wimmeln um die Wette
Und löschen, wo der Pfad sich eint,
Nachzügler noch, dann grau die Stätte,
Nur einsam die Rotunde scheint.

Und mählich schwellen Orgelklänge
Wie Heroldsrufe an mein Ohr:
Knie nieder, Lässiger, und dränge
Auch deines Herzens Wunsch hervor!
»Du, dem Jahrtausende verrollen
Sekundengleich, erhalte mir
Ein mutig Herz, ein redlich Wollen,
Und Fassung an des Grabes Tür.«

Da, horch! – es summt durch Wind und Schlossen,
Gott gnade uns, hin ist das Jahr!
Im Schneegestäub' wie Schnee zerflossen,
Zukünftiges wird offenbar;
Von allen Türmen um die Wette
Der Hämmer Schläge, daß es schallt,
Und mit dem letzten ist die Stätte
Gelichtet für den neuen Wald.

Liä Dsi

Grausame Güte

Die Leute von Gan Dan brachten dem (Dschau) Giän am Neujahrstag Felsentauben dar. Der war hocherfreut darüber und belohnte sie reichlich. Sein Gastfreund fragte, warum er das tue.

Giän sprach: »Wenn man am Neujahrstag Lebendes befreit, zeigt man dadurch seine milde Gesinnung.«

Der Gastfreund sprach: »Wenn die Leute merken, dass ihr Herr die Tiere fliegen lassen will, so fangen sie sie um die Wette und töten dabei eine große Anzahl. Wenn der Herr sie am Leben lassen will, so ist es besser, den Leuten das Fangen zu verbieten. Wenn man sie erst fängt und dann wieder fliegen lässt, macht man durch seine Milde noch nicht einmal das wieder gut, was vorher verfehlt worden ist.«

Giän sprach: »So ist's!«

Ein Betrunkener in der Wilhelmstraße

–»Prost Neuahr! Prost Neuahr! ... ze frieh. Da, wo meine Arm-
banduhr wah, is jetzt ne Beule – aber is ze frieh ... 'ck wer doch
woll hier noch langjehn kenn! Hö. Ick als Republikaner kann
mir besaufen, wo ick will. Wie hat Adolf imma jesacht? ›Det
kann ick! Dafor bin ick Mutta!‹ – Iebahaupt – mein Mann is
Waschfrau, un ick bin Soldat. Da kommt 'n Mann. Wat is det
fiern Mann –? Tach, Mann.

Der antwort nischt. Prost Neuahr! Ick wer ma nehm 'm her-
jehn. Kann a ma nich vabietn, der. Den sein Jesicht kommt mir so
bekannt vor ... den muß ick doch schon mah ... der sieht aus ...
det is doch – Justa –!

Prost Neuahr, Justav! Nischt. Ick wern ma bejleiten, det ihn
nischt zustoßt, den hohen Herrn. Dürf ick Ihnen eine Ssijarre an-
bietn, Herr Ecksellentz? Der sacht nischt. Ick ha ja auch ja keene
Ssijarre – aba valleicht jibt er mir eene. Nee. Wenn et Sie nich
steert – Prost Neuahr! Prost Neuahr – wenn et Sie nich steert,
denn kenn wir ja 'n bißchen üba Polletik redn, wa –? Ja, wat ick
sahrn wollte:

Justav, du mußt nich mit die Fauste. Erschtens hast du jah-
keene. Du hast sone kleene, dicke, mollige Hand – is ja janz
scheen – aba: ball se nich, Justav. Jeballt is et nischt. Du bistn
Koofmann – die annern sind et ooch – ick wer da sahrn: ihr mißt
nich imma so dhun, als ob ihr – ihr seid et ja jahnich! Prost Neuahr! Is noch nich so weit! Ihr jeht vor, da driehm! Seh mah – wat
die Engländer sind, det sinn ruhige Leute, die ham schon viel in
ihm Lehm jekloppt – aba uffn Tisch – nee, det kenn die nich. Na,
und bei die Franzosen kommste da jahnich mit durch! Justav,
wenn de Briang hättst in Mahrn kucken kenn, weeste, wat der
sich jedacht hat, wie du bist rot anjelaufen –? Er hat jedacht: I,
sieh mal an, hat er jedacht, nu kommt der ooch schon! Det ham

doch frieha bloß die Jenerale jemacht! Und denn hat a ne Ssija-
rette jerooch, und wat du jesacht hast, det is in Rauch aufjejangn
. . . Prost Neuahr!

Ja, nu ham die alle jeschriehm, det du hast einen forzüchlichen
Eindruck jemacht. Ick wer da sahrn – Eindruck haste jemacht –
weißte auf wen –?

Auf die Deutschen, Justav. All son Zimt macht imma bloß
Eindruck bei uns ze Hause, un denn denken nachher die Leite, da
denken die denn: die Welt is bewecht worn. Justav, hör zu: erch-
tens sind die Zeitungen nich die Welt, und die deutschen schon
jahnich, un ick wer da sahrn: Du mußt nich imma na hintn
kuckn, ob se da Beifall brülln oder dir den Stuhl untern Jesicht
wechziehn – du mußt na vorne kucken! Denn seh mah:

Du sosst ja nich die Deutschen übazeujn – du sosst die annern
übazeujn. Det deine eijenen Leite Bravo schrein, det wissen wir.
Aba du mußt machen, det die annern Bravo schrein – un det is
nemlich schwerer, werk dir mah sahrn . . . ville schwerer is det!
Abadet ham se bei uns nich raues. Die treten imma vor ihm eijenen Lokalanzeijer auf, und den Jejner ham se inzwischen vajes-
sen. Du hast se ja nich schlecht jejehm – se ham sich bloß nischt
davon jenomm. Prost Neuahr! Mensch, du mußt die Belange
nich so hoch halten – man sieht se auch so – Das janze Vataland –
aps – wenn et dir recht is, denn jehn wa da mal hinter die Säule da
austreten . . . Wißte nich? Na – denn mißn wa det vatahrn . . . Ja,
wat hast du bloß mit die Polen –?

Justav, wahn se valleicht nett zu die Pollackn jewesen, untern
Kaiser? Von wejen – – Jeschundn ham se se und auf se rumje-
kloppt und schtatt daß ihr jesacht hapt: nu fängt sich hier mal wat
Neues an, da habt ihr munter weiterjemacht. Nu wundert ihr
euch! Seh mah, in Warschau . . . Justav, ick muß mah janz schnell
ehm – ick heer ein Brünnlein rauschern – Ick komme jleich nach
. . . lauf nich wech! Dunner – jetzt muß ick mir im Laufen zu-
kneppen, ick bin doch nich Nurmi – da bin ick wieda.

Wat ick sahrn wollte: es is reine, als ob die Polen wern für eich
der neue Erbfeind. Kaum, daß eena sacht: Poln – denn fangen se

schon alle an zu schrein, un die Reichswehr sieht man ehm
schnell nach die Kanon – da fiehlt ihr eich, wa? Wißte se herrliche
Zeiten entjejenfiehrn, ja? Do, ssiss komisch: int Jeschefte un in
Amt un ze Hause, da ham se nich viel zu melln – aba wenn so
eena so recht kräftige Wochte finnt, denn jlaum se alle, se sinn
Bismarck perseenlich. Ick wah neulich dabei, wie mein
Schwahra, der is Zwischenmeister bei Lewin un Rosenthal, un da
hat der seine Mantels abjeliefert, un da hat der olle Lewin deine
Rede vorjelesen, in Bühro, mitn Kneifer uff die Neese und denn
hat a jesacht: ›Et wücht wieda mit Deutschland!‹ hat er jesacht.
Haps. Da hab ick jesacht: Jewiß doch, Herr Lewin – es is ja schon
mal jeworn! Da ham se ma rausjeschmissn. Prost Neuahr! Prost
Neuahr! Heer bloß mah, wie die brilln! Die Leite ham keene Bil-
dung nich! Mensch, Justav, wat ham dir die Poln jetan? Wejn den
Korrigidor –? Justav, mach mir donischt vor – hier, uff de Willemstraße kann icks dir ja sahm:

Wer denkt denn schon an den dämlichen Korridor, wenn ihr
nich imma mecht son Jeschrei davon machen? Natierlich is a vakehrt – weil janz Europa vakehrt is! Aba meinste, det wird bessa,
wenn ihr nehmt den Pollackn den Korridor wieda wech? Denn
jeht doch allens wieda von vorne los; det janze Mallöhr und det
Jeschrei un ›Zujang zum Meere‹ – du wirst es sehn – un ick weeß
jahnich, was du hast; Flaschenbier vajeht, aba Schönheit be –

Jahnich hack den Herrn belesticht! In keine Weise! Prost
Neuahr, Herr Wachtmeesta! Frahrn Sie doch den Herrn. Herr
Wachtmeesta, ob ick ihm … Wissen Sie denn überhaupt, wer das
ist –? Na, das is ja unahört! Justav! Sach selba! Justav! Herr Mi-
nista! Herr Staatsminista! Eia Ecksselentz! – – Wat sacht der –?

Er is et jahnich –?

Bumm – jetzt hack meine janze Weisheit ann Falschen va-
zappt! Da jeht er hin. Aba mächtich ähnlich sieht an. Sie! Von
wejn Minister: Sie, Männecken! Varraten Se nich, wat ick Ihn jesacht habe – det sin Staatsjeheimnisse sind det! Staats – schupsen
ma doch nich, Herr Wachtmeesta – Staats – Staats … Prost Neuahr! Wo is meine Papiermitze? Herr Wachtmeesta, ohne Papier-

mitze is keen Neujahr – wa? Ick bin aus Bealin; wenn ick mir ma
amuhsiere, denn muß man det heern, sost amuhsierck ma nich!
Staatsjeheimnisse sind det – Besoffen? Wer is hier besoffen? Mir
is bloß 'n bisken komisch – ick muß irjend wat jejessen ham –!

Prost Neuahr –! Prost Neu – Wat is –? Zu spät –? Nu is wieda
zu spät. Herr Wachtmeesta, wir sinn inne Willemstraße: da
komm se imma entweder ze frieh oda zu spät! Prost Neuahr –!
Fröhliche Finxten! Auf Wiedersehn –!«

Neujahr

Neujahr, der erste Tag eines Jahres; über die Bestimmung desselben der Zeit nach s. Jahr 1) B). Das N. war von jeher ein den Menschen wichtiger Tag, welchen sie auf verschiedene Weise feierten. Der Neujahrstag der Juden war der erste Tag des Monats Tischri; er wurde für den Tag gehalten, an welchem Gott Gericht hielt (daher Jom Haddin, Gerichtstag), so wie für Adams Erschaffungstag. Bei den Persern war ein großes Volksfest (Nevruz), welches jedesmal den ersten Tag, wo die Sonne in das Zeichen des Widders tritt (daher Nevruzi-Hamal, Tag des Widders), gefeiert wird u. dessen Feier die Perser auch bei der Verbesserung des persischen Kalenders durch Dschelal ed- Din Melik Schah u. selbst bei Annahme des Islam, obgleich seitdem der arabischen Kalenderrechnung folgend, beibehielten. Die Römer opferten am Neujahrstag dem Janus, bes. einen weißen Stier. Im Janustempel, so wie in der ganzen Stadt, wurde viel Räucherwerk angezündet, die neuerwählten Magistrate zogen in Procession ins Capitol u. opferten hier dem Jupiter. Man nahm allerhand Geschäfte vor, weil man deren Gelingen für eine glückliche Vorbedeutung für das ganze Jahr erachtete. Bes. waren die *Neujahrswünsche* u. *Neujahrsgeschenke (Strenae)* üblich, welche letztere in vergoldeten Datteln u. Pflaumen, Feigen, Honig, alten seltnen Münzen u. verschiedenen Kleinigkeiten bestanden. *Annum novum faustum felicemque tibi*! (ein neues glückliches u. gesegnetes Jahr dir!) riefen sich die Begegnenden zu. Die Kaiser machten nachher die Neujahrsgeschenke zu einer drückenden Abgabe, z.B. Caligula nahm, einen ganzen Tag in der Vorhalle des Palasts stehend, solche Geschenke von Hohen u. Niedrigen ein. In der Christlichen Kirche war der Neujahrstag anfänglich kein Festtag; bald aber wurde er kirchlich begangen, um die Gläubigen von dem heidnischen Spectakel abzuziehen u. zu einer Bußfeier zu vereinigen. Nach der Feststellung des Geburtstags Jesu auf den 25. Decbr. wurde auf den 1. Januar das Fest der Beschneidung Jesu verlegt u. dies auch in der Evangelischen Kirche beibehalten, wiewohl die Predigt in der neueren Zeit weniger den Festgegenstand, als vielmehr Rück- u. Vorblicke in die Zeit behandelt. Von den alten Sitten haben sich die Neujahrsgeschenke, welche in einigen Ländern (wie in Frankreich) noch üblich sind, u. die *Neujahrswünsche* erhalten. Die Sitte, daß am N. die Stadtmusiker od. auch die Spielleute der Regimenter in den Städten Umgänge hielten, um gegen Aufwarten mit Musik (*Neujahrsblasen*) ein Geschenk zu erhalten, u. der in gleicher Absicht in Städten u. Dörfern gehaltene Umgang der Lehrer od. Chorschüler (*Neujahrssingen*) ist meist abgekommen. In vielen Gegenden wird das Epiphaniasfest auch Hohes N. genannt.

Aus den Kindertotenliedern

Da sind die Neujahrsgratulanten,
Die Türmer und Stadtmusikanten,
Zum neuen Jahr sie wünschen Glück
Und fordern ihr Sechsbatzenstück.

Ihr Türmer und Stadtmusikanten,
Ihr wünscht als Neujahrsgratulanten
Zu spät mir Glück ins neue Jahr,
Es starb mir noch im alten gar.

Ihr Türmer, Kirchner und Verwandten,
Kommt recht als Neujahrsgratulanten,
Stimmt an den hellen Glockenlaut
Zum Himmelskirchgang meiner Braut!

Und ihr, o ihr Stadtmusikanten,
Geht, fiedelt allen sonst Bekannten!
Wo sie nun tanzt den Hochzeitsreih'n,
Bedarf's nicht eurer Fiedelei'n.

Neujahrs- und andere Wünsche

Zum Neujahr
Mit einem Taschenkalender

An tausend Wünsche, federleicht,
Wird sich kein Gott noch Engel kehren,
Ja, wenn es so viel Flüche wären,
Dem Teufel wären sie zu seicht.
Doch wenn ein Freund in Lieb und Treu
Dem andern den Kalender segnet,
So steht ein guter Geist dabei.
Du denkst an mich, was Liebes dir begegnet,
Ob dir's auch ohne das beschieden sei.

Weihnachts- und Neujahrs-Geschenke

Bei den Griechen, den Persern, den Juden, war schon die so lo-
benswürdige Mode, daß diejenigen, welche sich liebten und
Freunde waren, am Schlusse oder Anfange des Jahres sich unter
einander beschenkten. Sie begnügten sich an Früchten, an Blumen, an Honig, an den besten Produkten des Landes, das sie bewohnten. Blumen und Obst sind im Winter selten, und auch in
dieser Rücksicht mußten die Geschenke einen Werth haben. Ti-
tus Tatius, König der Sabiner, führte diesen Gebrauch zu Rom
ein. Eisenkraut und abgehauene Äste aus dem Hain der Göttinn
Strenua, welche die Göttinn der Stärke war, machten diese Geschenke aus. Das in ihrem geheiligten Walde abgehauene Holz
bezeichnete die galante Deutung des Gebers. Ohne Zweifel
wollte er dadurch seinen Freunden sinnbildlich Gesundheit und
Stärke anwünschen. Sagen wir wol mehr mit unserm höflichen
Geschwätze? Der leichtgläubige Pöbel glaubte, daß das Eisen-

kraut und die heiligen Zweige wirklich Gesundheit und Stärke gäben, und die Druiden, die so gern den Pöbel täuschten, sammelten und spendeten am Neujahre Eichenmisteln unter das Volk aus, das Neujahrsgeschenk der Götter. Bei den Römern waren es ebenfalls Datteln, Honig, und gedörrte Feigen. Man war noch mäßig, und vielleicht waren diese Früchte von keinem gemeinen Werthe. Einige Gelehrte haben behauptet, daß man durch die Süßigkeiten dieser Geschenke den Wunsch habe andeuten wollen, daß das Jahr süße verstreichen möge. Diese Folgerung ist um desto fader, da die Römer mit diesen Früchten auch noch ein Stück gemünztes Gold zu geben pflegten, wo auf der einen Seite das Bild des Janus, auf der andern ein Schiff geprägt war. Ovid nützt diesen Umstand auf die ihm eigne feine und bekannte Weise. Er läßt den Janus antworten: »Wie sehr würdest du dich betrügen, wenn du wähntest, daß unter den Geschenken der Honig das angenehmste sey. Schon seit dem Zeitalter des Saturnus sah' ich das Gold den Vorzug behaupten, und diese Vorliebe ist noch mit der Zeit gewachsen. Sie hat bereits einen solchen Grad der Höhe erreicht, daß ich zweifle, ob sie weiter steigen kann!« – Was würde Ovid sagen, wenn er in unsern Zeiten lebte? Jetzt sind es andre Dinge als Münzen! Unsre Delikatesse erlaubt uns nicht mehr, Gold- und Silberstücke zu geben. Aber die Künstler sind unsrer Schaam zu Hülfe gekommen, und wissen eben diese Goldstücke so glücklich zu verwandeln, daß man sie ohne alle Skrupel geben und annehmen, ja selbst überlaut fragen kann: Wo bleibt mein Heilger Christ? – Mit den Goldstücken behielten die Römer, selbst in dem glänzendsten Zeitalter ihres Luxus und ihrer Weichlichkeit, den Honig und die Früchte bei, welches ziemlich auf Eins mit dem Honigkuchen, Zuckerwerk, Bonsbons u.s.w. hinausläuft, womit wir unsre Geschenke zu begleiten pflegen. Auch die Kaiser bekamen Neujahrsgeschenke: das Volk gab sie ihnen; das Volk hatte das Recht, sie ihnen zu überreichen, sie mochten auch noch so geringe seyn. Jeder sagte: Mehr vermag ich nicht, und sagte es von Herzen. Augustus liebte die Volksgeschenke; in seiner Abwesenheit trug man sie in den Vorhof seines Pallastes; er betrachtete sie bei seiner Zurückkunft, und dieser Anblick war für ihn und für Mark Aurel eines der schönsten Schauspiele. August wendete das Geld zu Statuen an, die er an den Gassenecken errichten ließ. Der wilde Tiber entfernte sich in den ersten Tagen des Jahres, um des Gebens und Empfangens dieser Geschenke überhoben zu seyn. Er schränkte diesen Gebrauch auf den ersten Tag des Monats Jenner ein. Seine Nachfolger verlängerten den Termin bis auf den siebenten. Das, woraus die Geschenke bestanden, änderte sich zu Rom nach Zeit, Ort und Umständen. Zu Nero's Zeiten gab man Perlen. In den ersten Jahrhunderten der christlichen Kirche schränkte man sich auf Wünsche ein. Das war nicht theuer. Die ersten Christen waren arm und Feinde des römischen Prunks.

Neujahrs-Wunsch an Eugenien

Man fängt das Neue Jahr mit Wunsch und Gaben an/
Mein Hertz/ ihr hab ich selbst zu eigen mich gegeben/
Und bin nicht weiter frey/ mein ihr verpflichtet Leben
Hat nichts/ zu dem Sie nicht schon Anspruch haben kan.
Doch wünschen mag ich noch: der grosse Wunder-Mann
Durch den die Erde muß in ihrem Wesen schweben/
Durch den der Himmel muß sich in die Höh erheben/
Hat offt dem Wünschen Krafft und Fortgang zugethan.
Was wünsch ich aber ihr das gut vor sie und mich/
Und nicht vergänglich sey/ das iede Zeit für sich
Und nicht durch fremde Gunst beständig könne werden?
Wer achtet was die Zeit/ was Seuch und Räuber nimmt?
Was seinen Untergang/ indem es wächst/ bestimmt/
Wenn Gott uns Zweyen nur wolt einen Geist bescheren.

HEINRICH VON KLEIST

Neujahrswunsch eines Feuerwerkers an seinen Hauptmann, aus dem siebenjährigen Kriege

Hochwohlgeborner Herr,
Hochzuehrender, Hochgebietender, Vester und
Strenger Herr Hauptmann!

Sintemal und alldieweil und gleichwie, wenn die ungestüme Wasserflut und deren schäumende Wellen einer ganzen Stadt Untergang und Verwüstung drohen, und dann der zitternde Bürger mit Rettungswerkzeugen herzu eilet und rennt, um wo möglich den rauschenden, brausenden und erzürnten Fluten Einhalt zu tun: so und nicht anders eile ich Ew. Hochwohlgeboren bei dem jetzigen Jahreswechsel von der Unverbesserlichkeit meiner, Ihnen gewidmeten Ergebenheit bereitwilligst und dienstbeflissentlichst zu versichern und zu überzeugen und dabei meinem Hochgeehrten Herrn Hauptmann ein ganzes Arsenal voll aller zur Glückseligkeit des menschlichen Lebens erforderlichen Bedürfnisse anzuwünschen. – Es müsse meinem Hochgeehrtesten Herrn Hauptmann weder an Pulver der edlen Gesundheit, noch an den Kugeln eines immerwährenden Vergnügens, weder an Bomben der Zufriedenheit, weder an Karkassen der Gemütsruhe, noch an der Lunte eines langen Lebens ermangeln. Es müssen die Feinde unsrer Ruhe, die panduren-mäßigen Sorgen, sich nimmer der Zitadelle Ihres Herzens nähern; *ja*, es müsse Ihnen gelingen, die Trancheen ihrer Kränkungen vor der Redoute Ihrer Lustempfindungen zu öffnen. Das Glacis Ihres Wohlergehns sei bis in das späteste Alter mit den Palisaden des Segens verwahrt, und die Sturmleitern des Kummers müssen vergebens an das Ravelin Ihrer Freude gelegt werden. Es müssen Ew. Hochwohlgeboren alle, bei dem beschwerlichen Marsch dieses Lebens vorkommende, Defiléen ohne Verlust und

Schaden passieren, und fehle es zu keiner Zeit, weder der Kavallerie Ihrer Wünsche, noch der Infanterie Ihrer Hoffnungen, noch der reitenden Artillerie Ihrer Projekte an dem Proviant und den Munitionen eines glücklichen Erfolgs. Übrigens ermangle ich auch nicht, das Gewehr meiner mit scharfen Patronen geladenen Dankbarkeit zu der Salve Ihres gütigen Wohlwollens loszuschießen, und mit ganzen Pelotons der Erkenntlichkeit durch zu chargieren. Ich verabscheue die Handgriffe der Falschheit, ich mache den Pfanndeckel der Verstellung ab, und dringe mit aufgepflanztem Bajonett meiner ergebensten Bitte in das Bataillon Quarré Ihrer Freundschaft ein, um dieselbe zu forcieren, daß sie mir den Wahlplatz Ihrer Gewogenheit überlassen müsse, wo ich mich zu maintenieren suchen werde, bis die unvermeidliche Mine des Todes ihren Effekt tut, und mich, nicht in die Luft sprengen, wohl aber in die dunkle Kasematte des Grabes einquartieren wird. Bis dahin verharre ich meines

Hochzuehrenden Herrn Hauptmanns
respektmäßiger Diener N.N.

Joachim Ringelnatz

Silvester

Es gibt bei Armen und Reichen
So manche Herzen bang und still;
Aus manchem dieser Herzen will
Die Sorge nimmer weichen.

Ich bin einer neuen Idee auf der Spur
Und überlege sie sehr:
Man sollte armen Leuten nur
Gutes tun oder sagen,
Ohne vorher oder hinterher
Nach ihnen zu fragen.

Wer hat das wohl zuerst bestellt,
Was nun so glatt sich leiert:
Dass jeder Stand und alle Welt
Terminlich trauert und feiert.

So wünschlein-pünschlein den andern gleich
Will ich mich nüchtern betrinken,
Um gegen Morgen durchs Federweich
In Kaktusträume zu sinken.

Etwa: Dass eine Mutschekuh,
Die vollgefressen mit Heu war,
Mein Zimmer betrat und rief mir zu:
»Prost Neujahr, Herr Doktor, prost Neujahr!«

Neujahrswunsch

Schwerlich wird eine Provinz in Deutschland seyn, wo die Neujahrswünsche mit einer so gewissenhaften Pünktlichkeit auf Kanzeln, Cathedern, Rathhäusern, Gassen und Straßen beobachtet werden als in Schwaben. Da saust einem der Waidspruch: Prosit das neue Jahr, wenigstens 14. Tage lang ums Ohr. Gedruckte und ungedruckte Zettelchen flattern wie Schneeflocken von Hand zu Hand. Ich wünsche, was du dir selber wünschen möchtest, damit pflegt man gemeiniglich die Neujahrswünsche aufzustutzen. Und ich wünsche, daß Gott diesen Wunsch nur in dem höchstseltenen Falle gewähren möchte, wenn der Wünscher vernünftig ist. Wenn Gott alle Wünsche der Menschen erfüllen wollte; so würde es bald um die Harmonie unserer Welt gethan seyn. Der Arm des Menschen würde bis an die Sterne reichen, und Welten aus ihren Sphären reißen. Folge mir, mein Leser, mit der Phantasie nur einige Augenblicke nach. Da steht der Thron der Vorsicht! Myriaden Sterblicher um ihn her – Wünschet! spricht die Vorsicht. He, welch ein Getöse von Stimmen! – Erst ein paar kahle Provinzen hab' ich meinem Nachbarn abgerissen, ruft der Eroberer, gib mir mehr! Gib mir Königreiche! gib mir die Welt! – Ewige Vorsicht, Blut! Leichen! Siegsmaale! schreyt der Held. Stürz diesen aufgeschwollnen Höfling am Throne der Fürsten nieder, und mir – mir gib seinen Platz! ruft der Staatsmann! – Krieg! Krieg! gib uns Krieg, guter Himmel! Wir verschmachten ja vor Hunger und langer Weile, wünscht der Soldat. Ärzte, Apothecker, Bader, Quacksalber und Todtengräber wünschen epidemische Seuchen – Der blinde Eiferer wünscht seinen Anhängern die schimpflichen Fesseln der Unwissenheit und des Aberglaubens, um die Elenden, wie Dalai Lama noch länger mit seinem Kothe füttern zu können. – Der Sachwalter wünscht der Kabale einen Thron, um unter ihrem Schutz durch Betrug und Ränke fett zu werden. –

Der Gelehrte, Dinten, Feder, Papier und leichtgläubige Verleger! –

Der Dichter ruft sehr genugsam: Gott, erhalte mir nur meinen Witz, mein Mädgen, meine Weinflasche und meinen Rock! – Uhren, Dosen, Dukaten wünscht sich der Tonkünstler für seine Kadenz und seinen Triller. –

Sopha, Phrynen, Honigbäche, Feenschlösser, Genuß ohne Mühe, ruft der Wollüstling! – Midas Gold, nur nicht seine Ohren! wünscht der Geiz! – Der Heuchler: Gott behüt mir meine Maske! –

Auch unter den gemeinsten Ständen des Lebens würde man die unsinnigsten Wünsche hören. Laß die Mode närrisch werden, würde der Schneider sagen, und alle Wochen die Kleider verändern! – Laß den Hagel die Fenster zerschmettern! der Glaser. – Todtenbahren wünscht der Schreiner! – Spitzbuben, Jauner und Huren wünschen die Gerichtsdiener, – und ich wünsche vielleicht thörichter, als sie alle: Vorsicht! gib mir weit mehr ungestümmes Feuer in Busen, daß die Wahrheit nicht kalt, wie Wasser von der Felsenwand, sondern heiß, siedheiß, wie Lava am Vesuve von mir herab ströme! Wills alsdann nicht achten, wenn der Dümmling wider mich schreyt, wenn der Fanatismus mich angrinzt, die Schüler des Aberglaubens in den Hüllen der Nacht auf mich lauren; – ists nur wahr, ists nur vaterländisch, was ich geredt habe. – Indessen kniet die ruhige Weisheit am Throne der Vorsicht; hebt ihre Händ' empor und fleht: Gott! erfülle die wenigsten Wünsche, und thu, was DU willst! –

Neujahrswunsch

Ein neues Jahr nimmt seinen Lauf.
Die junge Sonne steigt herauf.
Bald schmilzt der Schnee, bald taut das Eis.
Bald schwillt die Knospe schon am Reis.
Bald werden die Wiesen voll Blumen sein,
die Äcker voll Korn, die Hügel voll Wein.
Und Gott, der ewig mit uns war,
behüt' uns auch im neuen Jahr.
Und ob wir nicht bis morgen schaun,
wir wollen hoffen und vertraun.

An Dorothea Salome Lessing

Geliebte Schwester! Ich habe zwar an Dich geschrieben, allein Du hast nicht geantwortet. Ich muss also denken, entweder Du kannst nicht schreiben, oder Du willst nicht schreiben. Und fast wollte ich das erste behaupten. Jedoch ich will auch das andre glauben: Du willst nicht schreiben. Beides ist strafbar. Ich kann zwar nicht einsehn, wie dieses beisammenstehn kann: ein vernünftiger Mensch zu sein, vernünftig reden können und gleichwohl nicht wissen, wie man einen Brief aufsetzen soll. Schreibe wie Du redest, so schreibst Du schön. Jedoch, hätte auch das Gegenteil statt, man könnte vernünftig reden, dennoch aber nicht vernünftig schreiben, so wäre es für Dich eine noch größere Schande, dass Du nicht einmal so viel gelernet. Du bist zwar Deinen Lehrmeister sehr zeitig aus der Schule gelaufen, und schon in Deinem 12. Jahre hieltest Du es vor eine Schande, etwas mehres zu lernen; allein wer weiß, welches die grüßte Schande ist: in seinem 12. Jahre noch etwas zu lernen als in sein 18ten oder 19ten noch keinen Brief schreiben können? Schreibe ja! und benimm mir diese falsche Meinung von Dir. Im Vorbeigehen muss ich doch auch an das neue Jahr gedenken. Fast jeder wünschet zu dieser Zeit Gutes. Was werde ich Dir aber wünschen? Ich muss wohl was Besonders haben. Ich wünsche Dir, dass Dir Dein ganzer Mammon gestohlen würde. Vielleicht würde es Dir mehr nutzen, als wenn jemand zum neuen Jahre Deinen Geldbeutel mit einigen 100 Stück Dukaten vermehrte.

Lebe wohl! Ich bin Dein treuer Bruder
G. E. Lessing.

Meißen, den 30. Dezember 1743

Des alten lahmen Invaliden Görgel
sein Neujahrswunsch

Sie haben mich dazu beschieden,
So bring ichs denn auch dar:
Im Namen aller Invaliden
Wünsch ich ein fröhlich Jahr

Zuerst dem lieben Bauernstande;
Ich bin von Bauern her,
Und weiß, wie nötig auf dem Lande
Ein fröhlich Neujahr wär.

Gehn viele da gebückt, und welken
In Elend und in Müh,
Und andre zerren dran und melken,
Wie an dem lieben Vieh.

Und ist doch nicht zu defendieren,
Und gar ein böser Brauch;
Die Bauern gehn ja nicht auf vieren,
Es sind doch Menschen auch:

Und sind zum Teil recht gute Seelen.
Wenn nun ein solches Blut
Zu Gott seufzt, dass sie ihn so quälen;
Das ist fürwahr nicht gut.

Ein fröhlich fröhlich Jahr den Fürsten,
Die nach Gerechtigkeit,
Nach Menschlichkeit und Wohltun dürsten;
Der Fürsten Ehrenkleid!

Sie sind in diesem Ehrenkleide
Wie Gottes Engel schön!
Und haben selbst die meiste Freude;
Sonst muss ichs nicht verstehn.

Ein fröhlich Jahr und Wohlbehagen
Dem Fürsten unserm Herrn!
Der auch in unsern alten Tagen
Noch denket an uns gern;

Der als ein Vater an uns denket
Auf seinem Fürstenthron.
Und uns des Lebens Pflege schenket!
Dank ihm und Gotteslohn!

Und seinen Untertanen allen,
Wir sind ja Brüder gar,
Uns lieben Brüdern Wohlgefallen
Und ein recht gutes Jahr!

»Und allen edlen Menschen Friede
Und Freud auf ihrer Bahn!
Ich segne sie in meinem Liede,
Soviel ich segnen kann;

Und fühl in diesem Augenblicke
Den lahmen Schenkel nicht,
Und steh und schwinge meine Krücke,
Und glühe im Gesicht.«

Prost Neujahr!

Prost Neujahr! so rufe ich unseren Lesern zu und speziell meinen Lesern, denjenigen meiner Etikettefragen. Den Leserinnen gegenüber verhalte ich mich zartfühlender und entbiete ihnen statt der Zusammenziehung »Prost« den Neujahrsgruß »Prosit Neujahr!« Das gilt zwar auch noch als burschikos – aber nach meiner Ansicht: mit Unrecht. »Prost« erinnert an den Biertisch; also in die Abneigung zart besaiteter oder alkoholfeindlicher Menschen gegen dies Wort könnte ich mich schließlich hineindenken, wenn ich mir große Mühe gäbe. Aber das lateinische Wort »prosit« heißt, es möge nützen, und mit »Prosit Neujahr« spreche ich deshalb den Wunsch aus »Möge das neue Jahr Gutes bringen.« Also ich bleibe dabei: »Prosit Neujahr, meine Damen!« Dieser Gruß ist kürzer und inhaltsreicher, als wenn ich Ihnen meine gehorsamsten Glückwünsche zu Füßen lege. Noch feierlicher und ehrerbietiger sind dann nur noch »unterthänigste« Glückwünsche Ich bin ein Gegner der Neujahrs-Glückwünsche oder vielmehr nur ein Gegner der schriftlichen Äußerung derselben. Denn im Herzen Glück wünschen soll man seinem Nächsten stets, also auch fürs neue Jahr; aber man braucht sein Herz nicht auf der Zunge oder auf der Schreibfeder zu haben. Wie viele Müllers gratuliren Schulzens nur aus dem einzigen Grunde zum Neujahr, weil ja auch die Schulzens den Müllers gratuliren. Vielleicht würden die Beziehungen beider Parteien wesentlich inniger, wenn die eine Partei den der anderen unter Umständen höchst willkommenen Vorschlag machte, sich den schriftlichen Ausdruck von Neujahrs-Empfindungen gegenseitig zu schenken.

Viele kaufen sich ja auch jetzt von der vermeintlichen Verpflichtung der Neujahrs-Gratulationen durch Zahlungen für einen wohlthätigen Zweck los. Das ist eine ganz gesunde und deshalb keineswegs etikettewidrige Idee, wenn sie auch einen etwas spießerlichen Eindruck macht. Aber ein gutes Werk ist es ja auch, unsere vorzügliche Reichspost möglichst viel verdienen zu lassen. Also immer drauf los gratulirt! Man braucht ja nicht gerade seine ganz besonderen Glückwünsche Demjenigen ausdrücken, der einem ganz besonders unausstehlich ist. Trotz meiner Abneigung dagegen im Allgemeinen versende ich auch einige Neujahrs-Gratulationen aber in knappen Worten an nur Wenige, von denen ich weiß, daß sie meinen Glückwunsch nicht als gedankenlose Formensache auffassen. Aber gerade für diese Wenigen reicht dann das kurze »Prosit Neujahr« aus. Dadurch, daß diese Gratulation bei vielen Formenmenschen als verpönt gilt, erscheint sie mir weniger phrasenhaft als die allgemein üblichen »herzlichen oder herzlichsten Glückwünsche.« Wenn ich Fernerstehenden überhaupt schriftlich gratulirte, würde ich mich natürlich – der Etikette gemäß – auch zu ergebensten oder gehorsamsten Glückwünschen versteigen. Triftige Gründe zu schriftlichen Neujahr-Gratulationen hat jedenfalls der, der dadurch den Wünschen oder Erwartungen der Adressaten entspricht oder der es für angezeigt hält, ein Lebenszeichen von sich zu geben oder die Neujahrs-Gratulation auch nur als ein Mittel anwendet, um in der erhofften Antwort ein Lebenszeichen von Anderen zu erhalten. Es kommt allerdings auch vor, daß diese Anderen weder tot sind, noch antworten. Das ist dann zwar apart, aber etikettewidrig. Wer nicht gerade in großer Anzahl Gratulationen zu erlassen hat, für den finde ich es netter, die doch meist nur wenigen Worte selbst zu schreiben, als sich seine Gefühlsausdrücke lithographiren zu lassen. Doch ich muß milde hierüber urteilen, denn ich lasse mir ja in meiner heutigen Etiketten-Plauderei meinen Glückwunsch an unseren Leserkreis auch drucken, meinen Glückwunsch: »Prosit Neujahr!« –

Herrn Wendriners Jahr fängt gut an

»'n Morgen, Herr Freutel, warum sind Sie noch nicht da –? Ach
so, hier is keiner . . . ! Skandal, halbzehne – immer ist man der erste im Büro! Ach, da sind Sie ja! Wo wahn Sie denn so lange?
Draußen? Ich bezahl Sie nich für draußen – ich bezahl Sie für
drin! Danke. Prost Neujahr, ich Ihn auch. Was is mit John und
Eliasberg? Sie, das muß mir heute noch raus – wir schreiben
1926 – das wird mir jetzt anders! Herein. Was wolln Sie? Prost
Neujahr. Ja, ich weiß, danke, nein, weiter nichts. Den Mann wem
wir bei nächster Gelegenheit rausschmeißen, Freutel – ich kann
das Gesicht schon nicht mehr sehn. Werfen Sie die Tinte nich um!
Herein. Prost Neujahr. Sie mir auch . . . ich Ihn auch. Ja. Danke.
Freutel, riegeln Sie die Tür ab! – die Leute machen mich rein verrückt mit ihrem Prost Neujahr! Alle komm se am selben Tag damit! Der Kalender hängt schief, Freutel – ham Sie noch 'n Jammer von gestern? Da klinkt jemand an der Tür . . . Nein, lassen Se!
Ach, Sie sinds, Kipper! Padong! Ich hab abgeriegelt, um unge-
stört ze arbeiten . . . Prost Neujahr. Danke. Gut amüsiert? Ihre
Familie wohlauf? Ja? Na, das freut mich. Nehm Sie Platz! Danke,
wir auch. Nehm Sie ne Zigarre? Ja, lieber Freund . . . ! Ich hab Ihnen gesagt, sprechen Sie im nächsten Jahr vor, ich wer mein Mög-
lichstes tun – gewiß. Was? Was? Bis übermorgen abend? Kipper,
machen Sie Witze? Wo soll ich bis übermorgen abend fünfzehntausend hernehmen? In bar? Lieber Freund, bin ich Schacht –?
Gehn Sie zu dem – der gibt Ihnen auch nichts, aber er ist wenigstens prima. Ende der Woche? Ausgeschlossen. Lieber Kipper,
gedulden Sie sich – nu hörn Se, nehm Sie Vernunft an! Ich bitte
Sie – was ist das für ne Einstellung! Hier, ham Sie heute den Artikel im ›Börsen-Courier‹ gelesen? Sehr vernünftig; als ob er uns
beide hier sitzen sieht – der Mann sagt: ›Die wirtschaftspolitische
Krise ist ein Problem . . .‹ Sie wollen keine Artikel, Sie wollen

Geld? Was meinen Sie, wie gern möcht ichs Ihnen geben! Aber, lieber Kipper, wer zahlt mir –? Wir haben jetzt die Weihnachtsgratifikationen ausgeschüttet – auch schon was? Das sagen Sie nicht! Es multipliziert sich. Aber ich kann aus meiner Haut keine Riemen schneiden – ich kann nicht, nu machen Sie was! Kein Mensch zahlt Ihnen heute. Nu – prolongieren Sie schon – wir sind ein Haus von Renommee, das wissen Sie ganz genau, wir lassen keine Wechsel zu Protest gehn – wir prolongieren bloß ... Fünfzehntausend ...! Na, also gut: zweihundertfünfzig bar. Ende der nächsten – warten Sie mal – übernächste Woche ... und den Rest am 30. Juni – nun, ich hab doch gewußt, mit Ihnen kann man reden. Mein erstes Geschäft in diesem Jahr. Noch ne Zigarre? Nu – ich will Sie nicht aufhalten – vielleicht haben Sie noch Gänge ... Jeder hat ja heute Gänge. Prost Neujahr! Auf Wiedersehn, Kipper. Freutel! Ist das die ganze Post? Kinder, ihr feiert zu viel. Weihnachten und Neujahr und dann noch der Sonnabend – das ganze Jahr nichts wie Feiertage! Lassen Sies klingeln – na, gehn Se schon ran! Wer is da? Mein Schwager? Gehm Se her. Morgen, Max. Ja, danke. Prost Neujahr! Schon zurück aus Glogau? Was machen die Schwiegereltern? Na, das 's ja fein. Gut bekomm? Danke, wir auch. Ja. Nein. Weihnachten wars sehr gemütlich – wir wahn natürlich bei uns, ang Famiich. Hanni hat sich sehr gefreut. Mir? 'ne sehr aparte Flügeldecke. Ich hab se mir selbst gekauft – aber Hanni hat se mir geschenkt, als Überraschung. Fritz hat sich natürlich 'n Magen verdorben – wir sitzen bei Tisch, auf einmal kommt ihm der ganze Karpfen wieder raus. So 'n teurer Fisch. Ein Jammer. Es geht ihm schon wieder besser. Silvester –? Ich wollt ja zu Hause bleihm, aber Hanni und Lotte wollten ausgehn – sind wir ausgegangen. Erst warn wir im Schauspielhaus, zur Premiere – 'n sehr schöne Aufführung – Fuchsens warn auch da – sag mal, hast du mir nicht neulich erzählt, der Mann is in Schwierigkeiten? Sie saßen jedenfalls Parkettloge. Vorderplätze. Ja. Hinterher warn wir im Esplanaht. Erich hat 'n Tisch reservieren lassen. Sehr elegant. Ja, unverschämte Preise. Die Leute nehm für eine Flasche französischen

Sekt fünfundsiebzig Mark. Wir ham nur eine Flasche genommen
– den andern deutschen. Gehn Sie aus der Leitung! Sie Ochse, legen Sie doch den Hörer hin! Ungebildeter Lümmel! Ich führe
meine geschäftlichen Gespräche, wanns mir paßt! Max! Max!
Bist du noch da? Na ja, weiter wär wohl nichts. Ja, grüß schön.
Danke. Hach . . . Was is nu schon wieder? Mojn, Blumann! Bitte,
nehm Se Platz. Prost Neujahr. Danke. Was? Was –? Was wolln Se
–? Reden Sie – ohne Umschweife. Was? Ich soll stunden? Ja, sagen Sie mal – das ist mir denn doch noch nicht vorgekommen – in
diesem Jahr noch nicht! Sie versprechen mir – Sie versprechen
mir, im Jahr 1926 wern Sie zahln, ich hab schlaflose Nächte Ih-
retwegen, die ganze Silvesterfeier is mir verdorben – gestern hab
ich noch zu meiner Frau gesagt, du wirst sehen, Blumann zahlt –
das ist ein anständiger Mensch – und jetzt sitzen Sie ganz kalt da
und sagen: nicht vor Mai? Ja, lieber Freund, was glauben Sie
denn? Meinen Sie, mir gibt einer Aufschub? Eben war einer da,
bar auf n Tisch hat er bekomm, so schwers mir auch gefallen ist!
Wechsel! Ich will Ihre Wechsel gar nicht sehn! Ich kenn Ihre
Wechsel! Da wem Sie nächstens anbauen müssen, für die Prolon-
gationen! Nein, keinen Tag. Was heißt das: Sie ham Frau und
Kinder? Ich hab auch Frau und Kinder. Hätten Sie nicht heiraten
solln. Nich eine Minute. Zahln Se. Ham Sie heute den Artikel im
›Börsen-Courier‹ gelesen? Hier, lesen Sie, was der Mann schreibt:
›Die wirtschaftspolitische Krise ist ein Problem ...‹ Nicht eine
Sekunde Aufschub! Sie richten mich zugrunde, mich und mein
Geschäft mit! Ist das ein Anfang vom Jahr! Wenn ich das gewußt
hätte, wär ich überhaupt nicht ins Büro gekommen! Wenn man
ne Verpflichtung eingeht, soll man sie halten – sind Sie 'n anständiger Kaufmann oder sind Sie ein Wechselschieber? Also? Hab
ich mir gleich gedacht. Wenn ich bis nächsten Freitag mein Geld
nicht hab – lassen Sie mich auch mal zu Worte komm – da solln
Se sehn! Gut, liegen Sie auf der Straße! Sie wem schon nicht auf
der Straße liegen! Mit mir nich, ich sag Ihnen . . . Nein, ich bin für
Sie nicht eher zu sprechen, bis Sie nicht . . . Atchö. Hast du das gesehn! Was wolln Sie, Freutel? Natürlich hab ihn rausgeschmissen

–! Wie ich so zu mein Geld kommen werde –? Lieber Freund, ich wer Ihn mal was sagen: Wenn ich nicht prolongier, zahlt er ein bißchen was. So viel hat er. Prolongier ich aber – da zahlt er gar nicht. Ich kenn doch das von mir. Ich bin jetzt nicht zu sprechen! Prost Neujahr. Prosit Neujahr, Frollein Richter, Prost Neujahr! Freutel, machen Sie die Tür zu, zum Himmeldonnerwetter! Ach so, die ›B. Z.‹. Prost Neujahr, Schulz. Prost Neujahr!!! Freutel, ich geh mal raus – man ist doch auch nur 'n Mensch …

Das ist ein neues Jahr … Hier könnt mal gestrichen werden, wie oft hab ich das schon gesagt … So! Jetzt ist mir der Hosenknopp abgesprungen …! Besetzt! Besetzt! Gehn Sie von der Tür weg. Sie könn doch hören, daß besetzt ist! Hach – Locarno-Geist in allen Parlamenten. Paris, den 2. Januar. Wie Havas meldet … Man ist ein geplagter Mensch. Die einzige ruhige Stunde, die man am Tage hat, is hier draußen –!«

Neujahrs-Getichte
Fast auß dem Niederländischen.

Die Sonn' hat ihre Reis' auff dieses Jahr vollendet,
Mein Lieb, du endest noch die harten Sinnen nicht;
Sie hat den klaren Schein nun wider her gewendet,
Du wendest von mir ab der schönen Augen Liecht.
Was wüntsch' ich dir dann jetzt, mein bester Trost, vor Gaben
Auff dieses neue Jahr? Geld? Dieses hastu schon.
Viel Glück? Auch das ist hier. Wiltu dann Schönheit haben?
Du hast sie allbereit und weissest wol darvon.
Noch etwas ist in dir, wofern' ich es mag sagen,
Darvon kömpt alles Leid und Trauren bey mir her.
Ein grosses Bollwerck steht umb deinen Sinn geschlagen,
Diß möcht' ich gerne sehn, daß es gefället wer.
Hier diese Mauer macht, daß meine freye Sinnen,
Mein' unverfälschte Lieb' und treue Dienste nicht
Deß Hertzens hohes Schloß vermögen zu gewinnen;
Die Schantz' ist stärcker noch als daß sie ein Mensch bricht.
Ach, wann durch diesen Wall Cupido wolte schiessen!
Wo nicht, so geb' er mir den Bogen und Gewalt,
Ich solt ein grosses Loch bald haben durchgerissen,
Da ich mein Läger hett' und steten Auffenthalt.
Sey nun mit meinem Schatz', o auch mein Schatz, verehret,
Dem Hertzen, das ich dir zu schencken außerkiest;
Verwahr' es ja mir wol, daß es nicht wird versehret,
Wie vor das alte Jahr, so jetzt vergangen ist.

Zwei Neujahrswünsche

Neujahrs-Wunsch an meinen
Barbier in Osnabrück

Allerteuerster Barbier,
Recht von Herzen wünsch ich dir
Dass die Tracht der langen Bärte
Dieses Jahr nicht Mode werde.

An meinen Perückenmacher

O würden doch den Schelmen allzumal
Die Schelmenköpfe heute kahl,
So wünsch ich dir zum neuen Jahre
Ein halbes Dutzend Zentner Haare.

Liebesleid und Eheglück

FRIEDRICH HEBBEL

Abenteuer am Neujahrs-Abend

Mein Liebchen wollt ich auf mein Zimmer führen,
Und brach, zu eilig, meinen Schlüssel ab;
Verdrießlich standen wir vor festen Türen,
Mein schüchtern Liebchen flog die Trepp herab.
In Schnee und Wind schlich ich denn auch von hinnen,
Der Dom, erleuchtet, hemmte meinen Schritt;
Um wenigstens den Himmel zu gewinnen,
Ging ich hinein und sang ein Danklied mit!

JEAN PAUL

Der einsame Neujahrtag

Ich kann wahrhaftig meinem Helden zu keinem Neuen Jahres-
Morgen Glück wünschen, worin er die verquollenen Augen in
den heißen Augenhöhlen schwer nach der Morgenröte dreht
und sich mit dem ausgepreßten, betäubten Gehirne wieder an
das Kissen schmiegt. Einen Menschen, der selten weinet, fallen
neben den moralischen Schmerzen allezeit solche körperliche
an. Er blieb über die alte Stunde im Bette, um nachzudenken,
was er getan habe, und was er tun müsse. Er erwachte viel kälter
gegen Lenetten, als er eingeschlafen war. Wenn die gegenseitige
Rührung zwei Menschen nicht verknüpft, wenn die Glut des
Enthusiasmus kein Bindmittel zwischen zwei Herzen wird: so
mischen sie sich erkaltet und spröder noch minder zusammen.
Es gibt einen mißlichen Zustand der unvollendeten, halben Versöhnung, worin die steilrechte Zunge der Juwelierwaage im
Glaskästchen vor dem leichtesten Lüftchen einer andern Zunge
überschlägt: ach heute senkte sich schon bei Firmian die Waage
ein wenig, und bei Lenetten ganz. Er bereitete sich aber doch
und fürchtete sich zugleich, einen Neujahrwunsch zu geben und
zu beantworten. Er ermannte sich und trat mit dem alten herz-
haften Schritt, als wäre gar nichts geschehen, ins Zimmer. Sie
hatte, um ihn nicht zu rufen, lieber die Kaffeekanne zu einem
Kühlfaß werden lassen und stand, mit dem Rücken gegen ihn, an
der herausgezognen Kommodeschublade und zerrete – Herzen
auseinander, um zu sehen, was hinter ihnen sei. Es waren nämlich gedruckte, in Verse brachte Neujahrwünsche, die sie aus
der schönern Zeit in Augsburg von Freunden und Freundinnen
herübergebracht hatte; der freundliche Wunsch wurde von einer
Gruppe ausgeschnittener, in einer Spirallinie ineinander zu-
rücklaufender Herzen bedeckt. Wie die Hl. Jungfrau mit wäch-
sernen, so werden die andern Jungfrauen mit papiernen Assi-

gnatenherzen umhangen; denn bei diesen holden führt alle Glut und Freundschaft den Namen Herz, wie die Landkartenmacher den Umriß des *heißen* Afrika auch einem Herzen ähnlich finden. –

Firmian erriet leicht alle sehnsüchtige Seufzer, die in der Verarmten über so viele zertrümmerte Wünsche aufstiegen, und alle trübe Vergleichungen der jetzigen Zeit mit der lachenden, und was der Schmerz und die Vergangenheit einem weichen Herzen miteinander sagen: ach, wenn am Neujahrtag schon der Glückliche seufzet, so muß ja wohl der Unglückliche weinen dürfen? Er sagte seinen guten Morgen sanft und wollte nach einer sanften Antwort seine Wünsche an die gedruckten schließen. Aber Lenette, viel tiefer und öfter gestern verwundet als er, murrete ihm eine kalte, schnelle zurück. – – Nun konnt' er nichts wünschen; sie tat es auch nicht; und so unglücklich und so hart drängten sie sich miteinander durch die Pforte eines neuen Jahrs.

Ich muß sagen, er hatte sich schon vor acht Wochen auf diesen Morgen gefreut, auf die süße Zerfließung ihrer zwei Herzen, auf tausend heiße Wünsche, die er ihr vorstammeln wollte, auf ihr Aneinanderschließen und auf das trunkne Verstummen der Lippen an Lippen … O wie war alles so anders, so kalt, so tödlich kalt! – Ich muß es irgendwo anders – wo ich mehr Papier dazu vor mir habe – ausführen, warum und wienach – denn dem Anschein nach ist gerade das Widerspiel zu vermuten – seine satirische Ader ein Gärmittel oder eine Wässerung für sein empfindsames Herz abgab, dessen er sich zugleich freuete und schämte. Am meisten half dazu der – Reichsflecken Kuhschnappel, auf den, wie auf noch einige deutsche Ortschaften, der empfindsame Tau, wie auf Metalle, nicht gefallen war, und worin die Leute sich mit verknöcherten Herzen versehen hatten, denen, wie erfrornen Gliedmaßen, oder wie Hexen voll Stigmen des Teufels, keine Wunde von Belang zu machen war. Unter solchen Kalten nun vergibt und sucht man übertriebene Wärme am ersten. Einer hingegen, der 1785 in Leipzig etc. wohnhaft war, wo die meisten

Herzen und Schlagadern mit dem Tränen-Spiritus ausgesprützet waren, trieb leichter den witzigen Unwillen darüber zu weit; so wie die Köche in den *nassen* Jahrgängen mehr scharfe *Gewürze* an die wässerigen Gemüse reiben als in trocknen. – –

Lenette ging heute dreimal in die Kirche; es war aber ganz natürlich … Beim Worte »dreimal« erschreck' ich nicht über die Kirchengänger, die dabei selig werden können, sondern über die armen Geistlichen, die an einem Tage so oft predigen müssen, daß es noch ein Glück ist, wenn sie dabei nichts werden als, statt heiser, verdammt. Ein Mensch, der das erstemal predigt, rührt gewiß niemand so sehr als sich selber und wird sein eigner Proselyt; aber wenn er die Moral zum millionenstenmal vorpredigt, so muß es ihm ergehen wie den egerischen Bauern, die den egerischen Brunnen alle Tage trinken, und die er daher nicht mehr purgiert, so viele sedes er auch Kurgästen macht.

Über dem Essen schwieg das traurige Ehepaar. Der Mann tat, da er ihre Vorkehrungen zu einem Besuche in der Nachmittagkirche gesehen, in welcher sie seit einiger Zeit nicht gewesen, bloß die Frage, wer predige. »Wohl der Hr. Schulrat Stiefel«, sagte sie, »ob er gleich sonst nur vormittags die Kanzel besteigt, aber der Vesperprediger Schalaster kann nicht, Gott hat ihn gestraft, er hat sich das Schlüsselbein ausgerenkt.« Zu einer andern Zeit hätte Siebenkäs manches über das letzte gesprochen; aber hier schlug er bloß mit dem einen Zacken der Gabel an den Teller und fuhr mit dieser Spielwelle schnell an das eine Ohr, indes er das andere verschloß: der Trommelbaß des summenden Euphons zog seine gequälte Seele in die Wogen des Tons, und dieses brausende Schallbrett, dieser zitternde Klöppel tönte ihm am neuen Jahre gleichsam zu: »Vernimmst du nicht von weitem das Ausläuten der Messe deines kalten Lebens? Es ist die Frage, ob du am zweiten Neujahr noch hörst, ob du nicht schon liegest und auseinandergehst.« –

Er sah nach dem Essen zum Fenster hinaus, weniger nach der Gasse als nach dem Himmel. Da fand er eben zwei Nebensonnen und fast im Zenith einen halben Regenbogen, den wieder ein entfärbter durchschnitt[1]. Wunderlich fingen die Farbengestirne über sein Herz zu regieren an und machten es so wehmütig, als säh' er droben sein halbfarbiges, bleiches, zerstücktes Leben nachgespielt oder nachgespiegelt. Denn dem bewegten Menschen ist die Natur stets ein großer Spiegel voll Bewegungen; nur dem satten und ausruhenden ist sie bloß ein kaltes totes Fenster für das Äußere.

Als er nachmittags einsam in der Stube war, als der frohe Kirchengesang und der benachbarte frohe Kanarienvogelschlag gleichsam wie das Getöse und Poltern lebendig begrabener Jahre der Freude seine matte Seele überfiel – und als ein heller magischer Sonnenschein seine Stube durchschnitt, und als dünne Wolkenschatten über den lichten Ausschnitt der Diele wegglitten und das kranke, stöhnende Herz mit tausend traurigen Ähnlichkeiten fragten: ist nicht alles so? entfliehen nicht deine Tage, wie Dünste durch einen kalten Himmel, über eine tote Erde und schwimmen hin in die Nacht: – – so mußt' er sein schwellendes Herz mit der sanften Schneide der Tonkunst öffnen, damit die nächsten und größten Tropfen des Schmerzens daraus flössen – er griff einen einzigen *Dreiklang* auf dem Klavier und griff ihn wieder und ließ ihn verwogen – wie die Wölkchen flogen, starben die Töne aus, der Wohllaut schwang sich träger, zitterte nach und wurde starr, und die Stille stand da wie ein Grab – Im Horchen stockte sein Atmen und sein Herz, eine Ohnmacht griff nach seiner Seele – und nun, und nun warf in dieser schwärmerischen kranken Stunde der Strom des Herzens – so wie Überschwemmungen Begrabne aus Kirchen und Gräbern spülen – einen jungen Toten aus der Zukunft, aus der irdenen Decke unverschleiert heraus: sein Leib war es; er war gestorben. Er schauete zum Fenster hinaus ins tröstende Licht und Getümmel des Lebens; aber es rief doch in ihm fort: »Täusche dich nicht, ehe die Neujahrwünsche wiederkommen, bist du schon von dannen gezogen.«

---

1 Ganz dieselbe Erscheinung bemerkte wieder der Verfasser dieses in Baireuth den 19ten Jänner 1817.

Wenn das schauernde Herz so entblättert ist und nackt da steht: so ist jedes Lüftchen ein kaltes. Wie warm und milde hätte Lenette seines berühren müssen, um es nicht zu erschrecken, wie Hellseherinnen Todesfrost in jeder Hand empfinden, die sie außerhalb des magnetischen Kreises anrührt! –

THEODOR FONTANE

Spätes Ehestandsglück

Neben mir an, ein Mann im Staat,
Wohnt ein alter Geheimerat.
Er hat, nachdem er durch Stürme gesteuert,
Mit sechzig noch eine Witwe geheuert,
Wirtin und Plättfrau war sie gewesen,
Die hat er klug sich auserlesen;
Es geht nun schon ins dritte Jahr, –
Nie zuvor er so glücklich war.

Briefe zu Neujahr will heut er schreiben.
Eisblumen blühen ihm an den Scheiben,
Draußen ein helles Silvesterwetter,
Und er schreibt in Kursivschrift: »Lieber Vetter,
Du hast dich, gleich mir, aus Wellen und Wogen
Der ›höh'ren Justiz‹ zurückgezogen,
Von deinem Königsstuhle zu Rhense
Zogst du nach Treptow an der Tollense,
Hinter dir liegt die Welt des Scheins,
Und so fehlt deinem Glücke nur noch eins:
Nimm auch ein Weib (aber von den gelinden,
In Treptow wirst du dergleichen finden).
Ich bin dir in solchem Unterfangen
Mit gutem Beispiel vorangegangen.
Und glaube mir – kann ich doch jetzt vergleichen –,
Man siegt nur noch in diesem Zeichen.

Gestatte mir, dir ein Bild zu geben
Von meinem früh'ren und jetzigen Leben.

Ich hielt es aufrichtig mit Schelling und Hegel,
Jetzt bin ich für Pankow, Schönhausen, Tegel,
Ich hielt es früher mit Wieland und Herder,
Jetzt bin ich für Sacrow und Pichelswerder,
Sonst macht' ich vor Goethe die tiefsten Diener,
Jetzt bin ich für Putlitz, Moser, Lubliner.
O lern' auch du hinter derlei Sachen
Ein großes Fragezeichen machen
Und empfang am Tage der Grogs und Pünsche
Zunächst meine herzlichsten Neujahrswünsche,
Dazu den Zuruf, der immer frommt:
›Isolan, Ihr kommt spät, jedoch Ihr kommt.‹«

Zur Stunde der Maus

In einer Stadt der Provinz hatte ein Südfrüchtenhändler einen Laden eingerichtet, der sich über einem tiefen Keller befand, zu welchem eine Falltüre hinunterführte.

Aus diesem Keller kamen jede Nacht die Mäuse in Scharen in die Südfrüchtenhandlung herauf. Sie nagten dort die schönen, in Seidenpapier eingewickelten Kalvillenäpfel an, sie fraßen Datteln und Feigen, Rosinen und Bananen und schonten auch nicht die jungen Gemüse und die Maltakartoffeln. Keine Ware, die sich in der Südfrüchtenhandlung befand, war vor den kleinen zudringlichen Nagetieren zwischen Mitternacht und Sonnenaufgang sicher.

Solange nachts Lärm auf den Straßen war und die Wagen fuhren, hielten sich die Mäuse noch still im Keller. Aber sobald es Mitternacht geschlagen hatte und es still in jener Straße wurde, kamen sie in Scharen, vergnügten sich an den süßen Vorräten und feierten wahre Freßorgien, deren Spuren den Südfrüchtenhändler jeden Morgen beim Betreten des Ladens in Verzweiflung setzten.

Den Laden zu räumen und einen anderen zu beziehen, das ging nicht gut an, da hier im Mittelpunkt der Stadt ein gutes Absatzgebiet war und dem Händler durch einen Umzug wahrscheinlich viele Kunden verloren gegangen wären.

Und so versuchte er, sich auf alle Weise gegen die Mäuse zu schützen. Er schaffte sich Katzen an, aber er mußte sie wieder abschaffen, da es vorgekommen war, daß die Tiere in der Nacht den Ladenraum verunreinigt hatten und der Geruch davon, der am Morgen nicht auszutreiben war, die Käufer entsetzt hatte.

Er schaffte sich dann Hunde, Rattenfänger, an. Aber diese stürmischen Tiere schlugen in den Nächten ein wildes Gebell auf, wenn sie hinter den Mäusen herjagten, und sie warfen dabei, wenn sie über die mit Obst gefüllten Körbe sprangen, Früchte und Körbe über den Haufen, so daß der Händler auch die Hunde wieder abschaffen mußte, weil die Nachbarn sich über das nächtliche Gebell beschwert hatten und der Schaden, den die hetzenden Hunde anstifteten, dem Schaden der Mäuse gleichkam.

Gift gegen die Mäuse zu legen, war nicht ratsam, da die halbvergifteten Tiere das Gift über die Eßwaren verschleppen konnten und dann großes Unglück durch die Vergiftung von Früchten hätte entstehen können.

So blieb dem armen, von Mäusen geplagten Südfrüchtenhändler nichts übrig, als sich um Mitternacht, zur Stunde der Maus, in den Ladenraum zu begeben und, versehen mit einem Stock, seine Fruchtkörbe selbst zu bewachen und durch Händeklatschen und Fußstampfen die eindringenden Mäusescharen zu verjagen.

Er allein konnte nicht Nacht um Nacht wachen, und so teilte er sich mit seiner Frau in die Nachtwachen. Aber dieses ermüdete auf die Dauer die beiden sehr.

Da kamen sie auf den Gedanken, eine entfernte Verwandte, die gerade eine Stellung suchte, zu sich ins Haus zu nehmen, damit diese die Mäusewache jede dritte Nacht übernähme.

Der Südfrüchtenhändler hatte es sich aber zur Pflicht gemacht, manchmal nachzusehen, wenn das junge Mädchen die Wache hatte, ob es nicht eingeschlafen wäre.

Er traf das Mädchen aber niemals schlafend an, denn es vertrieb sich die Zeit mit Lesen von Balladen und Romanzen, für die es eine Vorliebe hatte.

Mit der Zeit waren dem Händler die Augenblicke, die er zur Stunde der Maus mit dem jungen Mädchen verplauderte, wenn sie im Laden zusammen hinter die Körbe schauten, um die kleinen Ladenräuber zu verjagen, oder wenn sie ihm eine ihrer Romanzen vortrug, die sie bald alle auswendig kannte und die sie bei der Nachtwache laut hersagte, damit sie mit ihrer Stimme die Mäuse verjagte, – so zur angenehmen Gewohnheit geworden, daß er die Minuten im Laden unbewußt immer länger ausdehnte und sich eines Nachts klar wurde, daß er sich in das junge Mädchen verliebt habe.

Das kam, als das junge Fräulein ihn eines Nachts, da er wieder lange ihren Balladen zugehört hatte und noch eine Romanze zu hören wünschte, daran erinnerte, es seit Zeit, daß er wieder hinauf ins Schlafzimmer zu seiner Frau ginge. Und sie hatte lachend hinzugesetzt, sie wisse, daß er recht glücklich verheiratet wäre.

Dabei hatte sie den Kalvillenapfel, den er als den schönsten für sie ausgesucht und ihr für ihren Balladenvortrag zum Geschenk gemacht hatte, vorsichtig wieder in das schützende Seidenpapier eingewickelt und hatte ihn auf die Apfelpyramide zurückgelegt, von wo ihn der Händler genommen hatte.

»Für mich sind weniger schöne Äpfel auch gut genug. Auch wird sich vielleicht Ihre Frau ärgern, wenn ich den besten Apfel, der im Laden ist, aufesse.«

Als sie dieses gesagt, hatte sie leise geseufzt, und der Mann war aus dem Laden gegangen. Vorher hatte er ihr noch lachend zugerufen:

»Natürlich bin ich glücklich verheiratet, sogar sehr glücklich.«

Aber seit dieser Stunde, seit dieser Versicherung seines Glückes, war der Mann von einer Unruhe geplagt, die ihn unglücklich machte. Es war ihm, als habe er im Augenblicke der öffentlichen Feststellung seines Eheglückes den Gipfelpunkt dieses Glückes schon überschritten. Denn er war abergläubisch und glaubte bestimmt daran, daß er mit dem Eingeständnis seines Glückes sich ein Unglück ins Haus eingeladen habe. Er war aber zugleich ein ehrlicher und treuer Mann, der seine ihm angetraute Frau niemals betrogen hatte, und dessen Herz heftig erschreckte, als es zur Stunde der Maus seine Augen dabei ertappte, wie sie mit Wohlgefallen an dem Gedichte vortragenden Mädchen im mitternächtigen Laden hängen geblieben waren, so daß er die Zeit und den Schlaf vergessen konnte.

Das junge Geschöpf mit seinen erdbraunen Augen und seinen tabakfarbenen Haaren paßte gut zwischen die Pyramiden von

Blutorangen und goldgrünen Zitronen und neben die weinduftenden Ananasfrüchte. Und oft am Tage, wenn der Südfrüchtenhändler die Kunden bediente und das Mädchen gar nicht im Laden anwesend war, schien ihm, als ob in den leichten flachen Holzschachteln die plattgepreßten gedörrten Malagatrauben oder die in Silberstanniol eingewickelten spanischen Mandarinen den gleichen Duft ausströmten, der ihm vom Nacken jenes Mädchens, von den feinen Haarwurzeln ihrer tabakbraunen Locken entgegengeströmt war und den er deutlich kannte von den Augenblicken, da sie beide zur Stunde der Maus hinter den Säcken mit Maltakartoffeln und hinter den Körben voll von afrikanischem Blumenkohl mit Stöcken nach den Mäusen geschlagen hatten.

Des Händlers Unruhe wuchs allmählich, besonders seiner Frau gegenüber, die er wirklich aufrichtig liebte und die er mit seiner Untreue nicht betrüben wollte.

Er wußte sich keinen Rat mehr, wenn er sich auch vornahm, das junge Mädchen zur Zeit, da es Wache hatte, nicht mehr im Laden aufzusuchen. Doch nützte ihm das nicht viel, denn er traf es am Tage, und er konnte nicht daran denken, es fortzuschicken, weil es für die Nachtwachen unentbehrlich war; und er hätte auch gar keinen Grund gehabt als den seiner Zuneigung, den er aber natürlich kaum sich selbst eingestehen wollte und den er noch weniger jemand anderem offenbaren konnte.

Es geschah auch, daß, wenn er dem Mädchen jetzt am Tage auf der Treppe oder im Ladenraum oder in seiner Wohnung begegnete, er ein kühleres Gesicht aufsetzte, um seine Gefühle mit Gewalt zu verleugnen. Und ihm schien es dann, als ob das junge Mädchen durch sein verändertes Wesen verletzt wurde, und daß es ihn leicht verächtlich behandelte.

Es war ihm in der Erinnerung unangenehm, daß er zu dem Mädchen gesagt hatte, er sei glücklich, sehr glücklich. Er fand es roh und häßlich, daß er glücklich sein sollte, während das junge Geschöpf glücklos war und die Lebenstage nur für die bezahlte Arbeit kommen und gehen sah.

Bei einem größeren Einkauf einer Warensendung, die er immer in der nächsten Hafenstadt, wo die Frachtschiffe aus dem Süden ankamen, machen mußte, wurde ihm der Vorschlag unterbreitet, ein Zweiggeschäft in jener großen Seestadt zu gründen, damit er die durch die Verpackung und Reise schon etwas beschädigten, aber noch guten Obstvorräte, denen eine Eisenbahnversendung nicht gut bekommen würde, an Ort und Stelle absetzen könnte.

Der Händler ging mit Freuden auf dieses Geschäftsunternehmen ein. Und da ihn die Fruchtversteigerungen oft nach der Hafenstadt gerufen hatten, so fand auch seine Frau es ganz in der Ordnung, wenn ihr Mann dem neuen Zweiggeschäft in der Hafenstadt vorstünde, wogegen sie den Laden in der Provinzstadt weiterführen wollte.

Für die Festtage des Jahres hatten die Eheleute verabredet, sich zu besuchen. Da aber die Frau zur Weihnachtszeit nicht von dem Laden abkommen konnte, erwartete sie der Mann erst zum Neujahrsabend, zur Silvesterfeier.

In der ersten Zeit der Trennung war der Südfrüchtenhändler von seinem neuen Geschäft so in Anspruch genommen, daß er weder seine Frau noch das junge Mädchen, das nach wie vor in dem Laden in der Provinz die Nachtwache hatte, vermißte.

Aber als das neue Geschäft im Gang war und sich eintönig abwickelte, kehrten seine Erinnerungen doppelt heftig zurück, und die Gerüche der Früchte im Laden, die ihre Süßigkeit durch die Luft verbreiteten, erweckten wieder, besonders, wenn er abends den Laden geschlossen, seine Rechnungsbücher durchgesehen und zugeklappt hatte und sich der Beschaulichkeit und dem Träumen überlassen durfte, das Bild des Mädchens und den Duft ihres Leibes, wie er ihm begegnet war vormals zur Stunde der Maus.

Er merkte, daß er sich sogar einzelner Verse jener Balladen und Romanzen erinnerte, die sie immer in der nächtlichen Stille im Kreis der Fruchtkörbe vorgetragen hatte, und die ihn auf ferne Inseln und zu fernen Ländern, unter fremdartige Bäume, zu feurigen und fremdgearteten Menschen versetzt hatten, deren Sprache voll auffallender Leidenschaftsworte lebhaft leuchtete, wie die Farben der Südfrüchte, die von den nüchternen Eisensäulen des Ladens, von den kahlen Kalkwänden und vom strengen Kassenpult wie bengalische Feuer abstachen, die man im nüchternen Tageslicht abbrennt.

Wenn der Mann dann aus dem Laden in sein Zimmer in einem der höher gelegenen Stockwerke des Hauses kam, wo er jetzt ohne Weib hausen mußte, gingen die Düfte der südlichen Länder, die an seinem Rock hafteten, mit in seine Träume. Und er umarmte in seinem Schlaf nicht sein Weib, sondern er zog das junge Mädchen an sein Herz, während ihm ihre Brüste wie zwei frische Kalvillenäpfel entgegendufteten.

Und besonders zur Stunde der Maus lag er oft auf dem Kissen wach, mit den verschränkten Armen unter seinem Kopf, und stellte sich seinen Laden in der Provinz vor, wo eine der Gaslampen brannte und sie, die er ersehnte, mit hochgezogenen Beinen auf dem Drehstuhl beim Ladentisch saß und ihre Balladen sprach und dazwischen aufsprang und nach einer Ecke schlich, wo überall Mausefallen waren, die aber den Mäusen so bekannt waren, daß keine mehr Lust hatte, sich fangen zu lassen.

Dann sah er, wie sie sich bückte und eine Falle, die von selbst zugeklappt war, wieder aufstellte, wobei sie vielleicht den Vers hersagte:

> Ein Held, deß' Herz wie Feuer war,
> Ritt durch die Wälder sieben Jahr.
> Verschwiegen hat er sieben Jahr,
> Daß er ein Fraß der Flammen war.

Bald mußte sich der Händler auch am Tage mit seinen verliebten Träumen beschäftigen. Und der Gedanke, daß seine Sehnsucht die Ersehnte vielleicht herziehen könnte, wollte nicht mehr von ihm weichen.

Er nahm sich endlich vor, einen Brief zu schreiben und seiner

Frau zu sagen, daß er eine Hilfe im Laden brauche und daß er nicht immer die Ladentüre abschließen könne, wenn er stundenlang zu den Fruchtversteigerungen gehen müsse, und er wollte ganz harmlos im Briefe bemerken, daß sie ihm jene Verwandte schicken sollte.

Er hatte den Brief im Geist vielleicht tausendmal abgefaßt, nachts und am Tag. Wo er ging und stand, schrieb er diesen Brief in Gedanken.

Aber er konnte sich nicht entschließen, die Feder in die Hand zu nehmen, die Tinte und das Briefpapier. Er wäre sich wie ein Verräter vorgekommen, Verräter an der Treue, die er seiner Frau halten wollte, und Verräter an seinem Herzen, das ehrlich bleiben wollte.

So schrieb er diesen Brief nur mit den Augen in die Luft. Er schrieb ihn abends stundenlang, wenn er seine Rechnungen abgeschlossen hatte, unter die Summen der Zahlen ins Hauptbuch, in das er brütend starrte. Er schrieb den Brief mit den Augen auf die Kistendeckel der Orangensendungen, wenn er das Kistenbrett in der Hand hielt und in Gedanken anstarrte, statt es in eine Ecke zu stellen. Er schrieb den Brief auf die rötlichen blanken Schalen der Blutorangen. Er schrieb den Brief an die leeren Kalkwände seines Verkaufsgewölbes, und er las ihn am Tag hundertmal, während er Früchte in die weißen Tüten hineinzählte, die er den jungen Mädchen und Frauen zureichen mußte. Auf allen Frauenhänden, die die Fruchttüten aus seiner Hand empfingen, las er jenen Brief, den seine Augen unaufhörlich schrieben.

Aber wie man sich scheut, mit bloßen Füßen durch brennendes Feuer zu gehen oder die bloßen Hände in helles Feuer zu legen, so scheute er sich, seine Hände und seinen Willen dazu herzugeben, den Brief zu schreiben und abzusenden, den Brief, der die heimlich Ersehnte zu ihm bestellen sollte.

Der Gefolterte suchte sich mit der Zeit die brennende Sehnsucht nur dadurch ein wenig zu erleichtern, indem er tat, als ginge er auf die Forderungen seines Blutes scheinbar ein. Er ging, wenn es ihm seine Zeit erlaubte, in die Warenhäuser und kaufte

Dinge für sein Zimmer ein, die er sonst nie für sich gekauft hätte, und die er aufstellte wie zum Empfang für diejenige, die er noch nie empfangen hatte. Er kaufte Kissen für das Sofa, unnütze Vasen, in die er Blumensträuße stellte, die er aber verwelken ließ wie die Stunden seiner Träume. Er kaufte romantische Bilder, mit denen er die Wände schmückte, kaufte Balladen- und Romanzenbücher, die er auf ein Bücherbrett aufreihte. Er kaufte Weingläser, eine Porzellanschale für Kuchen, eine Kristallschale für Früchte und eine große seidene Bettdecke.

Er kaufte sich neben seinen gewöhnlichen Zigarren, die er täglich rauchte, eine Schachtel bester und teuerster Havannastengel, die er nur dann rauchen wollte, wenn der ersehnte Besuch gekommen sein würde.

Mit diesen und noch mancherlei Einkäufen beschwichtigte er das still schwellende Sehnsuchtsfieber, das in ihm umging wie ein unheimlicher Feueratem, der ihn entfachen wollte.

Aber den Brief, den er hätte schreiben müssen, schrieb er nicht.

Oft, wenn ihm ein Besuch angezeigt wurde, fuhr er erschreckt zusammen und dachte, jenes Mädchen könne plötzlich auf seiner Türschwelle stehen, gerufen von den lautlosen Hilfeschreien seines geknebelten Herzens.

Zum Silvester kam dann, wie es verabredet war, seine ahnungslose Frau zu ihm zu Besuch.

Sie war, seit er den Laden in der Hafenstadt aufgemacht hatte, noch nicht bei ihm gewesen. Und als er sie jetzt vom Bahnhof abholte und in sein Zimmer führte, wo von der Decke eine rosa Glasampel hing, die er angezündet hatte, da schlug die gute Frau erstaunt die Hände zusammen und vergaß, den Hut und den Mantel abzulegen. Sie drehte sich auf einem Fleck, mitten im Zimmer stehend, um sich selbst und ließ die zerbrechlichen feinen Vasen mit Blumen auf sich wirken, die schönen gebundenen aufgereihten Bücher auf dem Bord, den Porzellanteller mit Kuchen, die Kristallschale mit Früchten, die vielen romantischen Bilder an den Wänden. Und als sie zuletzt gar die gleißende Seidendecke auf dem breiten Bett bemerkte, da gingen ihr gerührt die Augen über, und sie umarmte ihren Gatten und bedankte sich, daß er so zärtlich alles für ihren Empfang hergerichtet hatte.

Der sagte nichts und umarmte seine Frau wieder. Denn während er diese Dinge zum Schmuck des Zimmers alle eingekauft und aufgestellt hatte, hatte er auch da nie mit Bewußtheit und Offenheit sich eingestanden, daß er dies nicht für seine Frau, sondern für das junge Mädchen tat.

Er hatte wie ein Schlafwandelnder gehandelt, getrieben von einer inneren Lust, sein Zimmer zu schmücken, handelnd zwischen Wachen und Träumen. Und wie er nun seine Frau, die er immer noch treu liebte und vor der er sich keine untreue Handlung vorzuwerfen hatte, umarmte, schien es ihm wirklich einen Augenblick als wahrscheinlich, daß er für sie und sich zur Silvesterfeier und zum Wiedersehen das Zimmer so sorgsam und festlich geschmückt hatte.

Am Abend gingen Mann und Frau mit Bekannten in eine Weinstube, und dort tranken sie, bis es zwölf Uhr schlug und das neue Jahr anbrach. Und von Glühwein und Bowle erhitzt, wurde der Südfrüchtenhändler lustig und ausgelassen, wie ihn seine Frau selten gesehen hatte.

Als nun das neue Jahr mit vielen »Prosit« empfangen worden war, sehnte sich die Frau aus dem lärmenden Kreis der Menschen fort und dachte an das schön geschmückte Zimmer, das sie beide erwartete, das ihr Mann mit soviel Zärtlichkeit hergerichtet hatte, und wo sie ihm jetzt mit gleicher Zärtlichkeit zu danken wünschte.

Sie zupfte ihren Mann am Ärmel, aber der schien an gar kein Nachhausegehen denken zu wollen und trank immer wieder seinen Freunden zu und ließ sich zutrinken und bestellte neuen Wein.

Aber es waren auch noch andere Frauen im Kreise, die auch heimzugehen wünschten, und die Frauen verabredeten sich untereinander und standen auf und setzten ihre Hüte auf und zogen ihre Mäntel an und traten dann angekleidet vor die im Tabakrauch und Weindunst laut schwatzenden Männer und baten sie, heimgeführt zu werden.

Die Männer wollten auch folgsam alle gehen. Nur der Südfrüchtenhändler wollte ans Aufbrechen nicht denken. Der saß auf seinem Stuhl fest und behauptete, er ginge nicht zur Stunde der Maus nach Hause, denn da gingen Gespenster bei ihm um.

»Was für Gespenster?« fragten ihn alle.

»Mäuse und junge Mädchen,« entfuhr es dem etwas Angetrunkenen.

Die Männer lachten und warfen sich zwinkernde Blicke zu. Die Frauen aber trieben beharrlich zum Aufbruch an.

Die Frau des Südfrüchtenhändlers war bei der Rede ihres Mannes plötzlich blaß und zitternd geworden, und auf der Straße zog sie ihren Gatten auf die Seite:

»Was hast du da geschwatzt von Gespenstern, von Mäusen und jungen Mädchen, die bei dir umgehen? Nun weiß ich es, für wen du das Zimmer so festlich geschmückt hast! Jedenfalls nicht für mich.«

»Was?« sagte der unschuldige Mann. »Was habe ich von jungen Mädchen gesagt?« und er hielt seinen Hut in der Hand und ließ die eisige Nachtluft seinen erhitzten Kopf abkühlen. »Du glaubst wohl gar, daß ich junge Mädchen nachts bei mir empfange?«

»Ja, was soll ich denn anderes glauben?« wimmerte die weinende Frau und drückte ihren Muff vors Gesicht. »Du hast es ja selbst vorhin vor allen Freunden gesagt, daß zur Stunde der Maus junge Mädchen bei dir umgehen.«

»Da habe ich im Weinnebel Dummheiten gesprochen,« verteidigte sich der Mann. »Mein Zimmer hat niemals ein anderer Frauenfuß betreten als der deinige, mit Ausnahme des alten Weibes, das dort Ordnung macht und täglich die Stube reinigt.«

»Ist das wahr?« sagte die Frau des Südfrüchtenhändlers und sah ihren Mann an und zog ihn am Arm, damit er ihr ins Gesicht sehen sollte.

»Ich schwöre es dir,« beteuerte er. Aber er sah sie nicht an, sondern starrte hinauf in den Himmel, wo die Sterne wie Pyramiden aufgehäufter goldener Früchte glänzten.

Die Frau atmete auf und lachte sich selbst aus, daß sie so schnell Übles gedacht hatte von dem, den sie immer als rechtschaffen und treu gekannt hatte. Und sie nahm sich jetzt erst recht vor, zärtlich zu ihm zu sein, da er nun doch das Zimmer nur für sie so schön geschmückt hatte.

Zu Hause, als sie den Mantel abgelegt, sah sie, wie ihr Mann, nachdem er nach der Uhr gesehen, nach einem der Balladenbücher griff und es vom Bücherbord herunterlangte. Und statt sich auszukleiden, streckte er seine Beine auf dem Sofa aus und schlug das Buch auf und las für sich.

Die Frau entkleidete sich inzwischen und kämmte ihr Haar am Spiegel aus, schlüpfte dann ins Bett unter die seidene Bettdecke und verhielt sich eine Weile mäuschenstill, um abzuwarten, bis ihr Mann ausgelesen hatte.

Nach einer Weile klappte er das Buch zu, und sie sah, wie er sich aus einer bisher ungeöffneten Zigarrenschachtel eine große Zigarre holte und diese anzündete. Und als sie den fein duftenden Rauch roch, dachte sie bei sich: so gute Zigarren raucht er doch sonst nicht. Die hat er auch zu meinem Empfang gekauft.

Und sie nahm jede Rauchwolke, die er von sich blies, als eine Huldigung dar.

Dabei kam ihr der Gedanke, daß sie eigentlich noch gern einen Schluck schwarzen Kaffee getrunken hätte. Und da fragte sie ihn:

»Hättest du nicht auch gern ein Täßchen Kaffee zu deiner guten Zigarre?«

Da stand er auf und ging zu einem kleinen Kredenzschrank, holte eine neue vernickelte Kaffeemaschine und zwei winzige Mokkatassen, stellte sie auf den runden Tisch unter die Ampel und goß Spiritus in den Brenner, nahm aus einer Büchse gemahlenen Kaffee und schickte sich an, den Kaffee zu bereiten, von dem sie gesprochen.

Sie sah vom Bett aus mit Erstaunen seinen Händen nach, und plötzlich schienen ihr die Hände des lautlosen Mannes, die da am

Tisch handelten, die gespensterhaften Hände eines Traumwandlers zu sein. Und sie fühlte mit den Augen einer liebenden Frau, wie das Herz dessen, der da umherging, nicht im Zimmer anwesend war. Sie wurde wieder bestürzt und ratlos und fühlte, daß Gespenster umgingen hier im Zimmer zur Stunde der Maus, so wie es ihr Mann vorher beim Wein gesagt hatte. Zugleich wußte sie auch, daß ihr Mann sie niemals belügen konnte. Und sie schaute in die fremde Welt des fremdgeschmückten Zimmers, wo sie den, den sie liebte, nicht mehr erkannte. Nur wie ein Gespenst saß er dort auf dem Sofa. Auch sein Rauchen war unnatürlich und gezwungen. Seine Augen sahen in die Spiritusflamme, die da unter dem Kessel leise sauste, und dabei schienen sie die Flamme doch nicht zu sehen. Seine Ohren schienen auf die summende Kaffeemaschine zu lauschen und schienen doch noch anderes zu hören. Seine eine Hand aber streichelte unausgesetzt und wie abwesend den Deckel des Buches, das vor ihm lag. Und mit eifersüchtigem Liebessinn wurde die Frau von jenem Buche angezogen. Und als das Kaffeewasser kochte und ihr Mann an die Maschine trat, um den Kaffee in die Tassen einzuschenken, da stieg sie leise aus dem Bett und zog, scheinbar harmlos, das Buch vom Tisch an sich. Sie blätterte darin und erkannte sofort, daß es Balladen waren, die jene junge Verwandte, die sie daheim hatte, immer las und vortrug.

Sie wußte jetzt mit raschem Gedankengang plötzlich, wer das Gespenst war, wer das junge Mädchen war, das um die Stunde der Maus im Zimmer ihres Mannes umging.

Sie fühlte, daß seine Gedanken nur bei jener Verwandten weilten, und sie wurde zornig, da sie glaubte, er habe sie in jenen Augenblicken, da er das Mädchen zur Nachtwache im Provinzladen aufgesucht, daheim schon betrogen.

Als der Mann mit der gefüllten Kaffeetasse zu ihr ans Bett trat, wies sie den Kaffee zurück, wandte das Gesicht gegen die Wand und brach in Schluchzen aus. Und auf seine Fragen stürzten ihr Vorwürfe über die Lippen. Aber er konnte ruhig entgegnen, daß kein Wort und nichts zwischen ihm und jenem Mädchen ausgetauscht worden war, was seine Treue hätte in Frage stellen können.

»Es muß aber doch etwas zwischen euch gewesen sein,« fuhr die Frau hartnäckig fort, »denn ich erinnere mich jetzt, daß du ganz plötzlich deine Aufsicht über die Nachtwachen im Laden abgebrochen hast. Sage mir, was war das letzte Wort, das ihr dort zusammen spracht?«

»Ich sagte ihr, daß ich glücklich, sehr glücklich verheiratet bin,« erwiderte der Mann nach einigem Nachdenken.

Die Frau sah erstaunt mit tränendem Gesicht zu ihm auf und sagte:»Ich glaube dir's. Aber ich weiß doch, daß sie allein das Gespenst ist, das nach Mitternacht hier umgeht. Kannst du mir wirklich versichern, daß du alles das, die Tassen, die Kaffeemaschine und alle Dinge im Zimmer nur für mich und dich gekauft hast und die andere im Geist niemals neben dir hast sitzen sehen?«

Da sagte er einfach und langsam: »Wenn ich jetzt um diese Stunde an das Mädchen erinnert werde, wird es mir klar, daß ich alles, was du hier siehst, eingekauft habe, um sie und nicht dich zu empfangen. In allen andern Stunden wußte ich nichts davon.«

Da weinte die Frau. Und als ihr Mann sich neben sie aufs Bett setzte und die seidene Decke über sie legte, stieß sie die Decke heftig zurück. Und ihm war es, als habe sie mit dieser Bewegung nach dem Mädchen gestoßen, das er neben ihr heimlich liebte.

Da löste sich sein geknebeltes Herz auf. Und er ging und setzte sich in eine entfernte Zimmerecke und bedeckte sein Gesicht mit den beiden Händen.

Gegen Morgen, als das Geräusch der vorüberfahrenden Milchwagen und der ersten Straßenbahn die Fensterscheiben leise klirren machte, rief die Frau vom Bett aus ihres Mannes Namen. Aber als er dann zu ihr trat, brach sie wieder in Weinen aus.

»Es ist dir nichts geschehen und wird dir nichts geschehen, denn ich werde mich nie diesem Mädchen verraten. Meine Gedanken an sie werden mit der Zeit erkalten müssen. Wenn du mich nicht an sie verrätst, werde ich sie vergessen können.«

Und die Frau versprach ihm, wenn sie heimkommen würde, dem Mädchen, das so unschuldig war wie ihr Mann, nicht gram sein zu wollen und über alles zu schweigen, was sie von ihm in dieser Nacht erfahren. Er wußte, was sie versprochen habe, würde sie auch halten.

Nachdem die Frau wieder abgereist war, nahm der Mann bald ein Bild nach dem andern von den Wänden herab und rückte die Vasen in eine Ecke eines hohen Schrankes, wo er sie nicht sehen konnte, rollte die seidene Decke zusammen und packte sie fort. Auch die Balladenbücher nahm er vom Brett und legte sie in eine Schublade, die er verschloß. Denn seit jener Aussprache in der Silvesternacht war der Geist des Mädchens, der sonst um die Stunde der Maus in seinem Herzen schwül umgegangen war, von ihm ferngeblieben, und die stille Leidenschaft starb in dem Mann allmählich ab. Der Händler ging eifrig seinen Geschäften nach, vermied es, die Abende allein zu verbringen, suchte Freunde und Bekannte auf und schien allmählich vollständig zu genesen von dem Liebesalp, der ihn so lange heimlich bedrückt hatte.

Da erhielt er eines Tages ein Telegramm, worin seine Frau ihn bat, schleunigst nach Hause zu kommen, da jener jungen Verwandten ein schweres Unglück zugestoßen wäre.

Der Mann zitterte einen Augenblick, als er das Papier mit der Nachricht in den Händen hielt. Dann aber machte er sich kühl und hart gegen alte auflodernde Gefühle und reiste mit dem nächsten Zug nach Hause.

Die Frau empfing ihn mit verweinten Augen und schluchzte an seinem Hals und sagte ihm, daß das junge Mädchen durch einen plötzlichen Unfall getötet worden war. Dabei aber stotterte sie:

»Du wirst glauben, ich bin schuld an ihrem Tod. Aber ich schwöre dir, ich bin unschuldig.«

Der Mann erstaunte und fragte, welches Unglück sich ereignet habe, und hörte dann von der schluchzenden Frau, daß das Mädchen durch einen unvorsichtigen Schritt in die geöffnete Falltür, die sich im Fußboden des Ladens befand, abends im

Dunkeln, als sie eben die Nachtwache antreten wollte, in den tiefen Keller gestürzt war, auf dessen mit Steinplatten gepflastertem Boden man die Unglückliche mit gebrochenem Rückgrat tot aufgefunden hatte.

»Aber wer hat denn die Tür in den Keller aufstehen lassen?« fragte der Südfrüchtenhändler entsetzt.

Die Frau verbarg das Gesicht an seiner Brust und schluchzte von neuem:

»Ich bin es gewesen, ich. Ich bin wohl an ihrem Tode schuld, aber ich habe ihn nicht absichtlich verschuldet.«

Da durchlief den Mann ein Schauder, und er zog sich aus der Umarmung seiner Frau zurück.

Sie aber klammerte sich fest an ihn und rief verzweifelt: »Als es mir plötzlich einfiel, daß ich die Kellertür offen gelassen hatte, bin ich oben aus dem Zimmer in das Stiegenhaus gestürzt und habe ihr nachgerufen, sie solle nicht in den Laden gehen, da die Falltür zu dem Keller offen wäre. Im selben Augenblick aber hörte ich schon einen Schreckensruf und den polternden Aufschlag eines Körpers im tiefen Gewölbe.«

Die Frau setzte sich auf einen Stuhl und schluchzte in ihre beiden Hände. Und als sie nach einer Weile wieder aufsah, war das Zimmer leer.

Sie glaubte, der Mann wäre auf den Kirchhof in die Leichenhalle gegangen, um das Mädchen noch einmal zu sehen. Aber er war, ohne Abschied zu nehmen, in sein Geschäft in der Hafenstadt zurückgereist und ließ seine Frau deutlich fühlen, daß er es nicht glauben konnte, sie habe die Falltür ohne Absicht offenstehen lassen.

Gleich nach der Beerdigung des Mädchens reiste sie zu ihm und erklärte ihm noch einmal, daß sie unschuldig wäre. Er aber ging wieder aus dem Zimmer und wollte nicht mit ihr sprechen.

Sie kehrte in den Laden in der Provinz zurück, verzweifelt darüber, daß sie ihren Mann nicht zum Glauben an ihre Unschuld bringen konnte.

Von dem ausgestandenen Schrecken und von dem Schweigen

ihres fernen Mannes gefoltert, wurde sie immer schwächer und erkrankte zuletzt an einem Gehirnfieber.

Eines Tages erhielt der Südfrüchtenhändler einen Eilbrief von einem Arzt, der ihn aufforderte, schleunigst zu kommen, wenn er seine Frau noch am Leben finden wollte, denn ihre Stunden wären gezählt.

Der Mann kam, aber die Fiebernde kannte ihn nicht mehr. Der Arzt sagte, er solle sich an ihr Bett niedersetzen, es wäre möglich, daß sie kurz vor dem Sterben zum Bewußtsein kommen und ihn erkennen würde.

Da saß er nun und hörte die Fiebergespräche, in denen sie immer wieder die Worte wiederholte, daß sie unschuldig wäre. Aber er konnte es doch nicht glauben. Sie hat aus Eifersucht getötet, sagte er zu sich selbst.

Plötzlich richtete sich die Fiebernde im Bett auf und erkannte ihren Mann.

»Bist du gekommen, mir zu glauben?« rief sie erleichtert aus.

Da sah er in ihre Augen, und beim Ton ihrer Stimme mußte er glauben, daß sie unschuldig war am Tod der andern.

Und er bat in seinem Herzen das Schicksal um ein Wunder: Die Sterbende soll leben bleiben und gesund werden, wenn sie unschuldig ist, sagte er in seinem Schweigen.

Er sah ihr fest ins Auge und beschwor ihr fliehendes Leben mit seinem innersten Wunsch.

»Ich glaube dir. Du bist unschuldig. Wir haben beide keine Schuld und wollen glücklich und ruhig weiterleben,« sagte er laut zu der Kranken, deren Kopf erschöpft auf die Seite sank, während ihre Augen ihn halbverklärt betrachteten.

»Ich will schlafen, und wenn ich aufwache, will ich mit dir glücklich sein wie früher,« sagte die Frau mit schwacher Stimme.

Seine Hände betteten ihren Kopf sorgsam in die Kissen. Er wachte dann zwölf Stunden an ihrem Bette, und in all der Zeit hielt er ihre Hände in seinen Händen.

Nach zwölf Stunden schlug die Frau einen Augenblick die Augen auf, und als sie sein Gesicht neben sich sah, lächelte sie.

»Schlafe dich gesund!« sagte ihr Mann. Sie schloß wieder die Augen und schlief noch einmal zwölf Stunden. Und nach der vierundzwanzigsten Stunde saß der Mann immer noch wach an ihrem Bett und hielt ihre Hände fest wie in der ersten Stunde.

Sie schlug die Augen auf, und als sie ihn immer noch neben sich sah, war sie glücklich und gestärkt und fühlte, daß sie zum Leben zurückkehrte. Und sie fuhr streichelnd mit der Hand über die Augen ihres Mannes. Dann sank sein Kopf zu ihr auf die Kissen, und er schlief ein, und sie schliefen beide noch einmal zwölf Stunden.

Dann erwachte sie gesund und gestärkt. Und seit dieser Stunde war bei ihnen alles Vergangene vergessen, und ihr Leben wurde von jetzt ab glücklich wie in den ersten Jahren ihrer Ehe.

FRANZ KAFKA

An Felice Bauer

vom 31.XII. 12 zum 1.1.1913
Als ich heute abend um 8 Uhr noch im Bette lag, nicht müde,
nicht frisch, aber unfähig aufzustehn, bedrückt von diesem allgemeinen Sylvesterfest, das ringsherum anfing, als ich so traurig
dalag, verlassen wie ein Hund und gerade die zwei Möglichkei-
ten, die ich hatte, mit guten Bekannten den Abend zu verbringen
(gerade der Mitternachtschuß, Schreien auf der Gasse und der
Brücke, wo ich eigentlich keinen Menschen sehe, Glockenläuten
und Uhrenschlagen), mich noch trostloser und vergrabener
machten und die eigentliche Aufgabe meines Blickes das Herum-
wandern auf der Zimmerdecke schien, – dachte ich daran, wie
froh ich sein muß, daß es das Unglück will, daß ich nicht bei Dir
bin. Ich müßte das Glück Deines Anblickes, das Glück des ersten
Gespräches, das Glück, mein Gesicht in Deinem Schoß zu ver-
stecken – ich müßte alles dies zu teuer bezahlen, ich müßte es damit bezahlen, daß Du vor mir wegliefest, gewiß weinend wegle-
fest, denn Du bist die Güte, was aber würden mir die Tränen
helfen. Und dürfte ich Dir nachlaufen? Dürfte gerade ich das tun,
der Dir ergeben ist wie keiner? (Wie sie auf der Straße brüllen in
dieser von den Hauptstraßen weit entfernten Gegend!) Aber alles das muß ich ja nicht selbst beantworten, antworte, Liebste,
Du selbst, und zwar nach ganz genauer, keinen Zweifel übriglas-
sender Überlegung. Ich fange mit den kleinsten, unbedeutend-
sten Fragen an, ich werde sie mit der Zeit steigern.

Nehmen wir an, durch einen besondern Glücksfall wäre es
möglich, daß wir in der gleichen Stadt, vielleicht in Frankfurt, einige Tage lang beisammen sind. Wir haben verabredet, am zweiten Abend zusammen ins Theater zu gehn, ich soll Dich aus der
Ausstellung abholen. Du hast wichtige Angelegenheiten flüchtig
und mit größter Anstrengung erledigt, um nur rechtzeitig fertig

zu werden und wartest nun auf mich. Du wartest umsonst, ich komme nicht, an eine bloße zufällige Verspätung ist nicht mehr zu denken, die dafür von dem freundlichsten Menschen zugestandene Frist ist längst vorüber. Auch eine Nachricht, die Dich aufklären könnte, kommt nicht; Du hättest inzwischen Deine geschäftlichen Sachen längst auf das gründlichste erledigt haben können, ruhig Dich anziehn können, für das Theater wird es nun überhaupt zu spät. Eine bloße Versäumnis meinerseits kannst Du gar nicht annehmen, Du hast vielleicht ein wenig Sorge, es könnte mir etwas geschehen sein, und kurz entschlossen – ich höre Dich dem Kutscher den Auftrag geben – fährst Du in mein Hotel und läßt Dich in mein Zimmer führen. Was findest Du da? Ich liege (nun schreibe ich die erste Briefseite ab) um 8 Uhr noch im Bett, nicht müde, nicht frisch, behaupte unfähig gewesen zu sein, das Bett zu verlassen, klage über alles und lasse noch ärgere Klagen ahnen, suche durch Streicheln Deiner Hand, durch Suchen Deiner im dunklen Zimmer herumirrenden Augen meinen schrecklichen Fehler wieder gutzumachen und zeige doch durch mein ganzes Benehmen, daß ich bereit bin, ihn im Augenblick in seinem ganzen Umfang ohne weiteres zu wiederholen. Dabei finde ich gar nicht besonders viele Worte. Dafür ist mir aber unsere Gegenüberstellung bis ins einzelnste klar, und ich würde an Deiner Stelle vor meinem Bett nicht zögern, vor Ärger und Verzweiflung den Schirm zu erheben und an mir zu zerschlagen.

Vergesse nicht, Liebste, das Ereignis, das ich da beschrieben habe, ist in Wirklichkeit vollständig unmöglich. In Frankfurt z.B. würde ich, wenn man meinen ununterbrochenen Aufenthalt in den Ausstellungsräumen nicht gestatten wollte, den ganzen Tag eben vor der Tür der Ausstellung hocken und ähnlich würde ich mich wahrscheinlich bei gemeinsamen Theaterbesuchen verhalten, also vielmehr zudringlich als nachlässig. Aber ich will eine überdeutliche Antwort auf meine Frage, eine Antwort, die von allen Seiten, also auch von der Seite der Wirklichkeit unabhängig ist, und darum habe ich auch meine Frage so überdeutlich gestellt. Antworte also, liebste Schülerin, antworte dem Lehrer, der manchmal in der Grenzenlosigkeit seiner Liebe und seines Unglücks gänzlich bis zur Unwirklichkeit vergehen möchte.

In Deinem letzten Brief steht ein Satz, Du schriebst ihn schon einmal, ich wohl auch: »Wir gehören unbedingt zusammen.« Das ist, Liebste, tausendfach wahr, ich hätte z.B. jetzt in den ersten Stunden des neuen Jahres keinen größern und keinen närrischeren Wunsch, als daß wir an den Handgelenken Deiner linken und meiner rechten Hand unlösbar zusammengebunden wären. Ich weiß nicht recht, warum mir das einfällt, vielleicht weil vor mir ein Buch über die Französische Revolution mit Berichten von Zeitgenossen steht und weil es immerhin möglich ist – ohne daß ich es allerdings irgendwo gelesen oder gehört hätte –, daß einmal auf solche Weise zusammengebunden ein Paar zum Schafott geführt wurde. – Aber was lauft mir denn da alles durch den Kopf, der übrigens heute gegen meinen armen Roman ganz und gar verschlossen war. Das macht die 13 in der neuen Jahreszahl. Aber die schönste 13 soll mich nicht hindern, Dich, meine Liebste, näher, näher, näher zu mir [zu] ziehn. Wo bist Du denn jetzt? Aus welcher Gesellschaft hebe ich Dich heraus?

Franz

1.Xll.12 [1. Januar 1913]
Liebste, nur paar Worte vom Neujahrsnachmittag. Weißt Du, was augenblicklich meine größte Sorge ist? Deinen mir für gestern, Dienstag, zugedachten großen, schönen Brief habe ich erst heute, Mittwoch, mit der zweiten Post bekommen. Nun schreibst Du aber: »Du bekommst aber auch am Sonntag früh bestimmt noch einen Brief« und meinst mit dem Sonntag offenbar den heutigen Neujahrstag. Gut, aber diesen zweiten Brief habe ich nicht bekommen, auch im Bureau war er nicht. Dann kommt er wahrscheinlich erst morgen in die Wohnung, während ich im Bureau bin. Nun, ich werde den Auftrag geben, daß man mir ihn gleich ins Bureau bringt, aber ob man daran nicht vergißt, ob man es rechtzeitig bringt, ob auch sonst noch ein Brief ins Bu-

reau kommt? Das sind also, Liebste, meine Sorgen. Verdammte Post! Verdammte Entfernung!

Wie gut Du mich aber in Deinem heutigen Brief behandelst! Wie Du mir verzeihen und wie Du meine Sorgen verstehen kannst! Warte, dafür danke ich Dir noch heute in der Nacht nach Kräften. Liebste, adieu, ich habe meinen dumpfen, großen, über dem linken Auge ein wenig zuckenden, urdummen Nachmittagskopf und so soll ich unter Leute. Warum denn nicht? Für die bin ich immer noch gut genug, denn wenn ich auch in meinem verhältnismäßig besten Zustand bin, gehöre ich ihnen ja doch nicht.

Die Überwindung Eulenbergs freut mich unmäßig und der Mensch hat keine Ahnung davon, sondern freut sich über seinen Schillerpreis und über die 12000 M., die er, wie Werfel erzählte, jährlich von Rowohlt bekommt. Ich gönne sie ihm durchaus, denn ich habe Dich, Felice, zu mir hinübergezogen. Nun bleib aber auch hier!

Franz

Auf Reisen

DANIEL DEFOE

Robinson Crusoe

1. Jenner 1661. Der Neujahrstag war mir schon in meiner Kindheit wegen den vielen Geschenken, jetzt aber wegen den Betrachtungen wichtig, die er veranlaßte. Auch feierte ich ihn nebst dem Weihnachtsfeste desto mehr, da mir die Tage, auf welche die beweglichen hohen Feste, Ostern und Pfingsten fielen, unbekannt waren. Ich fieng meine Feier mit Öffnung der Bibel an und fand die trostvollen Worte: »Ich will dich nicht verlassen noch versäumen.« Ich wandte sie auf mich an, denn ich war traurig, daß ich heute mein letztes Stückchen Zwieback genießen sollte, das ich seit einigen Tagen auf diesen verspart hatte; dazu kam noch, daß ich wenigstens ein halbes Jahr warten mußte, ehe ich wieder Brod bekam. Aber dieser trostreiche Wunsch belebte mich auf's Neue. »Nun denn! – rief ich, – verläßt Gott mich nicht, was thuts, wenn ich auch von der ganzen Welt verlassen bin.« Ich dankte Gott mit gerührtem Herzen, daß er dem Kaufmann in England, der mir meine Sachen nach Brasilien sandte, in den Sinn gab, die Bibeln dabei zu legen, und daß ich sie mit zu Schiffe nahm und daraus rettete.

In dieser Gemüthsverfassung trat ich das neue Jahr an.

An Schiller

Leipzig, den 1ten Januar 1797.

Ehe ich von hier weggehe, muss ich noch ein Lebenszeichen von mir geben und kürzlich meine Geschichte melden. Nachdem wir am 28ten Dezember uns durch die Windweben auf dem Ettersberge durchgewürgt hatten und auf Buttelstädt gekommen waren, fanden wir recht leidliche Bahn und übernachteten in Rippach, am 29ten früh um 11 Uhr waren wir in Leipzig und haben der Zeit eine Menge Menschen gesehen, waren meist mittag und abends zu Tische geladen, und ich entwich mit Not der einen Hälfte dieser Wohltat; einige recht interessante Menschen haben sich unter der Menge gefunden, alte Freunde und Bekannte habe ich auch wieder gesehen, so wie einige vorzügliche Kunstwerke, die mir die Augen wieder ausgewaschen haben.

Nun ist noch heute ein saurer Neujahrs-Tag zu überstehen, indem frühmorgens ein Kabinett besehen wird, mittags ein großes Gastmahl genossen, abends das Konzert besucht wird, und ein langes Abendessen darauf gleichfalls unvermeidlich ist. Wenn wir nun so um 1 Uhr nach Hause kommen, steht uns, nach einem kurzen Schlaf, die Reise nach Dessau bevor, die wegen des eingefallenen starken Tauwetters einigermaßen bedenklich ist, doch wird auch das glücklich vorübergehen.

So sehr ich mich freue, nach dieser Zerstreuung bald zu Ihnen in die Jenaische Einsamkeit zurückzukehren, so lieb ist mirs, dass ich einmal wieder so eine große Menschenmasse sehe, zu der ich eigentlich gar kein Verhältnis habe. Ich konnte über die Wirkung der literarischen positiven und polemischen Schriften manche gute Bemerkung machen, und das versprochene Gegenmanifest wird nicht um desto schlimmer werden. Leben Sie recht wohl. Da wir schon morgen nach Dessau gehen, so scheint es, dass die Reise überhaupt nicht gar zu lange dauern wird.

Sagen Sie Herrn v. Humboldt, dass ich Doktor Fischern gesehen habe und dass er mir recht wohl gefallen hat. Die Kürze der Tage und das äußerst böse Tauwetter hindern mich übrigens, meinen Aufenthalt so zu nutzen, wie ich wohl wünschte, doch findet man zufällig manches, was man sonst vergebens sucht. Leben Sie nochmals wohl, vergnügt und fleißig.

G.

An Johann Gottfried Herder

W[eimar,] d. 2.Jan. 1789.

Ich will auch im neuen Jahr meiner Gewohnheit treu bleiben u. Dir heute da Posttag ist, schreiben, ohnerachtet ich den Montag keinen Brief erhalten habe. Vermutlich ist die fortdaurende Kälte daran schuld dass die Posten nicht eintreffen, oder Deine eigne Arbeit. Es freut mich dass Du wohl u. heiter bist u. keine Zeit zum schreiben hast; denn die Briefseligkeit ist mitten im Genuss eine Zeitverderberin. Ich will mir alles im Geist vorstellen bis Du es künftig mir selbst vorlesen wirst. – Freitag d. 26. Dez. hatte ich Dir geschrieben. Sonnab. ließ mich die Herzogin zu sich kommen. Sie ist wohl, ziemlich heiter u. lässt Dir viel Gutes sagen. Der Herzog kam auch herunter, u. war so artig u. gütig wie ich ihn in langer Zeit nicht gesehen habe. ich musste ihm viel von Dir erzählen u. er nahm an allem Teil. Sein Betragen gegen mich hat mir in der Tat wohl gemacht. Es war ihm lieb dass Du mit der Herzogin Mutter nach Neapel gehest u. er sowohl als die Herzogin glauben dass Du auch mit ihr zurückkommen wirst. Wenn es Euch Beiden konveniert, so soll es mich freuen. Des Herzogs gütiges Bezeugen in Ansehung Deiner u. der Kinder (es ward von ihnen gesprochen) hat sich mir aufs angenehmste eingeprägt u. ich wollte dass man nur einigermaßen das Verhältnis so gut erhalten könnte. Der Herzogin hats sehr gefallen dass Du die Spanier so hoch schätzest. Ich glaube wenn Du ihr ein spanisches Altertum mitbringen könntest, oder etwas in Spanischem Geist, das würde für sie sein. Sie entließ mich gnädig u. gab mir das gewöhnl. Weihnacht Geschenk von 10 Louisd. mit. Sie grüßen Dich Beide.

Den Dienstag Mittag kam eine Schachtel von der Fr. v. Frankenb. darinnen Neujahr Geschenke für die Kinder waren, die ihnen allen unsägliche Freude machten. August gebärdete sich vor

Freude ganz ungebärdig, er bekam einen englischen Farben Kasten der gewiss 3 Louis d. wert ist; sie werden Dirs beschreiben; die Geschenke sind gewiss über 10–12 Louis. wert. Ich war recht verlegen darüber. Nun wollten wir uns den Mittwoch hinsetzen u. ihr schreiben, da trat Goethe herein, den ich seit 14 Tagen nicht gesehn habe. Er nahm Teil an der Freude, schrieb den Kindern ihre Briefe, die sie wieder abschrieben u. buchstabierte dem Emil den Seinigen vor; in einer Stunde war alles expediert. ich bitte Dich dass Du Ihr einen guten herzigen Brief schreibst. (…)

Ich habe das 88ziger Jahr fromm u. still beschlossen. Gott hat uns darinnen viel gegeben u. viel genommen. Mögen wir durch alle Ereignisse unsres Lebens mehr zur Erkenntnis der Wahrheit kommen! Ehe ich zu Bette ging schlug ich noch in meinem Schatzkästlein auf, das mich zu jeder Stunde, wenn ichs bedarf unterrichtet u. stärket. ich schlug auf: »ich will einen ewigen Bund mit ihnen machen, dass ich nicht will ablassen ihnen Gutes zu tun u. will ihnen meine Furcht ins Herz geben dass sie nicht von mir weichen, u. soll meine Lust sein dass ich ihnen Gutes tun soll. Und will sie in diesem Lande pflanzen treulich von ganzem Herzen, u. von ganzer Seele. Ich will ihnen ewiglich behalten meine Gnade.« Dies war zum Beschluss des Jahrs. Und zum Anfang hieß es: Lasset uns Gutes tun u. nicht müde werden denn zu seiner Zeit werden wir ernten ohne Aufhören – (u. auf der andern Seite) Lasset kein faul Geschwätz aus Euerm Munde gehn, sondern was nützlich zur Besserung ist, da es Not tut, dass es holdselig sei zu hören u. betrübet nicht den heiligen Geist Gottes pp. – Der erste Tag im Jahr war heiter, gut u. still. Die Kalbin u. die Steinin besuchten mich, weil ich einen gewaltigen Schnupfen habe. Sie grüßen Dich gar sehr. Auch Ludecus war bei mir, u. empfiehlt sich Dir. Er ist gar gut u. sehr honett; gedenke doch namentlich seiner in Einem Brief.

Goethe hat mir seine abgedruckten Gedichte gegeben, u. da ich nach dem Abendessen allein war, las ich darinnen. Ich war aber in keiner Stimmung dazu. Ich musste etwas frommes u. heiliges haben. Da schlug ich in Deinen zerstreuten Blättern auf u.

fand die Lerche. Lieber Engel ich kann Dir nicht ausdrücken was mir das Lied in diesem Augenblick geworden ist! Es war wie vom Himmel zu uns beiden gesprochen, u. ich bin außerordentlich heiter darnach geworden. Jede Zeile hast Du für uns empfunden u. gedacht. O möchtest Du es doch jetzt wieder lesen u. mit mir gleichempfinden.

Genieße glückliche Tage an dem Ufer des Meers in dem glücklichen Neapel mit der gütigsten Herzogin u. Ihren Gefährten. Der Herz. küsse ich mit zärtlicher Liebe die Hand. Nie hätte ich geglaubt dass Ihr Andenken mir so süß sein wird. Sie hat auch meiner in dem Brief an die Herzogin gedacht auch an sie Beide von Dir Gutes geschrieben. Ein guter Genius sei bei Euch!

(…) Noch eins. Der Herzog sagte mir, dass das unbekannte Geld nicht vom Markgraf sei: er habe Edelsheim darüber schriftl. befragt u. dieser geantwortet: es sei nicht von ihnen, an solche edle Taten glauben sie nicht.

August Herder an J. G. Herder

Liebster Vater   Weimar, 2.1.1789
Nun muss ich Ihnen auch von dem Neujahrs-Geschenk, welches ich von der Frau von Frankenberg bekommen habe erzählen: Ich habe einen exzellenten Farben Kasten, wo die Farben nicht in Muscheln, sondern in 4 eckigen Stückgen sind, mit 3 Bleistiften worunter ein weißer ist. Und unter dem Farbenkasten, ist ein Schubkästchen, wo Rötel, weiß u schwarze spanische Kreide ist, auch eine goldene Feder mit einem Bleistift. Ich gratulieren Ihnen zum neuen Jahr, u wünsche Ihnen viel Glück u Vergnügen, u freue mich, dass ich Sie dies Jahr wieder sehn werde. Leben Sie wohl u behalten Sie lieb
                              Ihren gehorsamen Sohn August Herder.
                              den 2.en. Januar 1789.

Wilhelm Herder an J. G. Herder

Lieber Vater   den 2. Jänner 1789.
Wir haben zum Neuen Jahr geschenkt von der Frau von Franckenberg gar schöne Sachen geschenkt gekriegt. Ich habe 1) ein Etui, wo
ein schönes Messergen darin ist, 3 Federn gar schöne kleine Oblä-
dien, welche classiert sind und kleine Gläserchen wo man allerhand hinein tun kann. 2) Ein Elfenbeinernes Fuderal wo eine Bleifeder darin ist welche sehr dick ist. Die Elfenbeinerne Bleifeder ist
gerade ein halben Schuh lang sie hat auch oben wo man sie auf-
schraubt einen goldenen Ring. Ich gratuliere Ihnen auch viel tausend mal zum Neuen Jahr, und wünsche dass Sie es noch viele Jahre
erleben mögen. Leben Sie wohl und behalten sie lieb
                         Ihren gehorsamen Sohn WilhelmHerder.

Luise Herder an J. G. Herder

Lieber Vater   Weimar, 2. I. 1789
Ich bin wieder gesund und habe zum heil Christ bekommen
Spinnrädchen und eine schöne Puppe die die Mutter gemacht
hat, u bekomme ein Asch graues Staub Röckchen (von Caroline
Herder ergänzt: das noch beim Schneider ist). Vom der Frau von
Franckenberg haben ich einen Blau und Goldenen Ring mit Per-
len bekommen leben Sie wohl im neuen Jahr.
                         Ihre gehorsame Tochter Luise Herder. 1789

Emil Herder an J. G. Herder

Lieber Vater   Weimar, 2. 1.1789
ich habe eine blau und goldene Nadel bekommen darauf steht
eine weiße Frau und hat ein Füllhorn im arm ich gratuliere ihnen
zum neuen Jahr lieber Vater
                                        Emil Herder.

Nachrichten aus Britannien

London, den 31. Den gestrigen Tag musste ich meinem Erb-
feinde, der Migräne, opfern; heute reiste ich in fortwährendem
Regenwetter nach der Metropolis und setze morgen früh meinen
Weg nach Frankreich fort. Die Gegend bot wenig Anziehendes
dar, desto animierter war das Gespräch auf unsrer Imperiale und
roulierte, fast den ganzen Tag, über einen berühmten boxing-
match, wobei, wie es schien, ein Yankee den John Bull angeführt
und durch Bestechung des Hauptboxers, wie man sagte, zehn-
tausend Pfund Sterling gewonnen hatte. Diese Betrügereien bei
allen Arten von Sport sind so gang und gäbe in England, unter
den niedrigsten wie den höchsten Klassen, geworden, wie es das
falsche Spiel zu den Zeiten des Grafen von Gramont war. Viele
rühmen sich fast öffentlich damit, und ich habe nie gefunden,
dass solche, die als die »most knowing ones« bekannt sind, dadurch an ihrer Reputation in der Gesellschaft gelitten hätten – au
contraire, sie passierten für geistreicher als die übrigen, und man
warnte nur hier und da lächelnd, sich vor denen in acht zu nehmen. Einige der ersten Mitglieder der Aristokratie sind in dieser
Hinsicht ganz notorisch, und ich weiß, dass der Vater eines solchen Nobleman, dem man die Besorgnis äußerte, dass sein Sohn
doch einmal von einem blackleg (Betrüger) angeführt werden
könne, antwortete: »Ich bin dabei weit mehr für die blacklegs als
für meinen Sohn besorgt!« – Ländlich, sittlich! Was auch, wiewohl auf einer untern Stufe, England charakterisierte, war, dass
der Kutscher, der uns fuhr, in dem besagten unglücklichen Match
ebenfalls zweihundert Pfund Sterling verloren hatte und darüber
nur lachte, indem er zu verstehen gab, er würde schon eine andere Dupe finden, die es ihm mit Interessen wieder einbrächte!
Wie weit wird der march of intellect auf dem Kontinent noch
wandern müssen, ehe die Postillone des Fürsten von Thurn und

Taxis und die Eilwagenführer des Herrn von Nagler dergleichen Wetten mit den Reisenden unternehmen können.

Einige Stunden von Windsor kamen wir durch eine in England seltene Gegend, die bloß aus Sand und Kiefern besteht. Hier hat man ein prachtvolles Palais mit Park und Gärten erbaut, die neue Militärschule, welche mit allem Luxus einer fürstlichen Besitzung ausgestattet ist. Die Kiefern erschienen mir heimatlich, der Palast nicht. Während ich noch mit den ersten liebäugelte, car à toute âme bien née la patrie est chère, erblickten wir einen altersgrauen Fuchs, der, mit nachschleppender Rute, über das Heidekraut hergaloppiert kam. Der wettlustige Kutscher sah ihn zuerst und schrie: »By God a fox, a fox!« – »It's a dog«, behauptete ein anderer. »I bet you five pounds to four, it is a fox!« erwiderte der Rossebändiger. »Done!« rief der Zweifler und musste gleich darauf zahlen, denn es war wirklich ein nicht mehr zu bezweifelnder Fuchs, wiewohl von seltner Größe. Jetzt erschienen mehrere verlaufene Jagdhunde, die die Spur verloren hatten, und auch einzelne Rotröcke wurden in dem Kieferdickicht sichtbar. Alles schrie ihnen von der Mail zu, wohin der Fuchs gelaufen, ohne es ihnen jedoch verständlich machen zu können. Die Zeit der Mail ist streng gemessen und jeder unnötige Aufenthalt verpönt, aber hier war ein nationales Unglück im Spiel – denn die Meute und Jäger hatten *den Fuchs* verloren! Der Kutscher hielt an, und mehrere sprangen herab, dem Tross, der nun sich mit jedem Augenblick vermehrte, den rechten Weg zu zeigen. Nicht eher wurden wir wieder flott, bis wir von neuem die Jagd in vollem Gange sahen, wozu wir die Hüte schwenkten und »Tallyho!« riefen. Sobald unser Gewissen hiernach gänzlich beruhigt war und der Fuchs in der Plaine seinem unvermeidlichen Schicksal überliefert, peitschte der Kutscher in die Pferde, die Versäumnis nachzuholen, und den Rest des Weges jagten wir im sausenden Galopp davon, als wenn der Wilde Jäger selbst hinter uns wäre.

Aber zwölf Uhr hat's geschlagen, und bald hätte ich vergessen, nach guter alter Sitte, Dir zu gratulieren – denn

Ein neues Jahr beginnt,
Schon Sand auf Sandkorn rinnt,
Wird's Glück bedeuten
Oder Unheil bereiten?

Im wachenden Traume erscheint mir das Bild meines rätselvollen Lebens –

Die Wolken ziehn, die Stürme sausen,
Der Donner rollt, die Fluten brausen,
Gefahrvoll ist das Schiff zu schauen,
Wer mag dem falschen Meere trauen!

Doch hinter jenem schwarzen Schleier
Erhellt die Nacht ein goldner Blick –
Ist es der Mond in sanfter Feier
Oder der Sonne Abschiedsblick?

Dover, den 1. Januar

Der Bock der Mail ist mein Thron geworden, von dem ich auch zuweilen regiere und die Zügel vier rasender Rosse sehr gut zu führen weiß. Stolz überschaue ich dann das Land, flüchtig eile ich *vorwärts* (was nicht alle Regierer von sich rühmen können), und dennoch wünsche ich mir manchmal Flügel – um noch schneller bei Dir zu sein.

In London tat ich den ganzen Morgen nichts als, Deinem Befehl gemäß, eine würdige Gemahlin – für Francis aufzusuchen, aber die echten Blenheim-Spaniels sind verzweifelt rar. Was ich auch sah, es passte nicht. – Entweder waren die Ohren zu lang oder zu kurz; die Beine zu krumm oder zu auswärts; das Fell zu bunt oder nicht *reich* genug gefleckt; der Humor zu bissig oder zu schläfrig – kurzum, ich musste bald von der unnützen Jagd abstehen.

Als ich in Canterbury ankam, flaggten alle Türme zum Neujahrstage, ich aber feierte ihn noch herrlicher in der stolzesten und schönsten aller englischen Kathedralen. Dieser romantische Bau, der von den Sachsen angefangen, von den Normannen fortgesetzt und neuerlich mit Verstand restauriert worden ist, bildet eigentlich *drei* ganz verschiedene, aber zusammenhängende Kirchen, mit vielen unregelmäßigen Seitenkapellen und Treppen, auf- und niedersteigendem schwarz und weiß gegatterten Steinboden und einem Wald von Pfeilern darauf, in harmonischer Verwirrung. Auch die gelbliche Farbe des Sandsteins wirkt sehr vorteilhaft, besonders in dem normannischen Teil der Kirche, wo er mit schwarzen Marmorsäulen abwechselt. Hier liegt das Bild in Erz des Schwarzen Prinzen auf seinem Steinsarkophage. Über ihm hängt ein halb vermoderter Handschuh nebst dem Schwerte und Schild von Poitiers. Eine Menge anderer Monumente zieren außerdem die Kirche, unter andern das Heinrichs IV. und des Thomas Becket, welcher in einer der Steinkapellen ermordet ward. Ein großer Teil der alten bunten Fenster ist erhalten und von ungemeiner Schönheit der Farben. Einige bieten bloße Muster und Arabesken, gleich durchsichtigen Samttapeten, dar, andere scheinen, wie Juwelierarbeit, aus Edelsteinen aller Farben zusammengesetzt. Historische Gemälde stellen nur wenige dar. Was diesem grandiosen Dom einen besondern Vorzug vor den übrigen in England gibt, ist, dass hier der störende Schirm in der Mitte nicht existiert und man die ganze Ausdehnung des Schiffes von vier- bis fünfhundert Schritt Länge mit einem Blicke, übersieht. Die Orgel ist in einer der obern Galeriebögen versteckt angebracht und macht von da aus, wenn sie ertönt, einen zauberischen Effekt. Ich traf es so glücklich, dass, eben als ich gehen wollte, schon halb im Dunkeln die Sänger und Musiker eine Übungsstunde hielten und ihre schönen unsichtbaren Himmelschöre zu gleicher Zeit den Dom erfüllten, als die letzten Sonnenstrahlen im Saphirblau und Rubinrot der Fenster erglühten. Der Erzbischof von Canterbury ist Primat von England und der einzige Untertan in Großbritannien, der, außer dem königlichen Blut, die Fürstenwürde hat, jedoch nur in seinem Erzbischofssitz, nicht in London, soviel ich weiß. Dieser protestantische Geistliche hat sechzigtausend Pfund Sterling Revenuen und darf heiraten. Weiter wüsste ich eben nichts, was ihn von den katholischen Kirchenfürsten unterschiede.

WOLFGANG AMADEUS MOZART

An den Vater

Mon trés cher Pére!

Glückseeliges Neues=Jahr! – verzeihen sie, wen ich ihnen dermalen sehr wenig schreibe, – denn, ich stecke nun über Hals und kopf in arbeit – ich bin noch nicht ganz fertig mit dem dritten Ackt – und habe alsdann – weil kein extra Ballet, sondern nur ein zur opera gehöriges Divertissement ist, auch die Ehre die Musik dazu zu machen. – mir ist es aber sehr lieb, denn so ist doch die Musik von einem Meister. Der dritte ackt wird wenigstens so gut ausfallen als die beyden Ersten – ich glaube aber unendlichemal besser – und daß man mit recht sagen könne; finis Coronat opus. – Der Churfurst war lezthin bey der Probe so zufrieden, daß er wie ich ihnen lezthin geschrieben Morgens beym Cercle meine opera sehr gelobt – und dann abends bey der Cour wieder. – und dann weis ich es von einer sehr sichern Hand, daß er den nemlichen abend nach der Prob allen, jederman der zu ihm gekommen ist, von meiner Musik geredet hat, mit diesem ausdruck. – ich war ganz surprenirt – noch hat mir keine Musik den Efftct gemacht; – das ist eine Magnifique Musick. – – vorgestern haben wir eine Recitativ Probe bey der wendling gemacht – und das quartett zusammen Probirt – wir haben es 6mal Repetirt – izt geht es endlich. – Der Stein des Anstosses war der Del Prato; – der Bub kann doch gar nichts. – seine stimme wäre nicht so übel wenn er sie nicht in den Hals und in die gurgel nehmete – übrigens hat er aber gar keine Intonation – keine Methode – keine Empfindung – sondern singt – wie etwa der beste unter den Buben die sich hören lassen um in dem kapellhause aufgenommen zu werden – Raaff hat sich mit vergnügen betrogen gefunden – und zweifelt nun auch nicht an dem Effect. – Nun bin ich wegen des Raaffs lezter aria in einer verlegenheit woraus sie mir helfen müssen. –

Das rinvigorir, und ringiovenir ist dem Raaff unverdaulich – und wegen diesen 2 wörtern ist ihm schon die ganze aria verhasst. – es ist wahr das Mostrami und vienmi ist auch nicht gut – aber das schlechteste sind schon die zwei Ends=wörter. wo ich bey dem Ersten rinvigorir um den triller auf dem i zu vermeiden ihn auf dem o machen müsste. – Nun hat Raaff ich glaub im Natal di giove welches freylich (sehr wenig bekannt ist) eine zu dieser lage Passende aria gefunden. – ich glaube sie ist die Licenz aria davon; –

> Bell Alme al Ciel dilette
> Si Ah! respirate ormai
> già palpitaste aßai
> è tempo di Goder
> Creta non oda intorno
> non vegga in si Bel Giorno
> che accenti di Cotento,
> che oggetti di piacer.

und diese aria soll ich ihm schreiben – man kennt sie nicht, sagt er, und wir sagen nichts. – er weis halt daß es dem H: Abate nicht zuzumuthen ist, diese aria zum dritten male zu ändern – und wie sie ist – will er sie doch nicht singen. – nun bitte ich um eine schleunige antwort. – Mittwoch hoffe ich antwort von ihnen. – und dort trift es mich Just seine aria zu schreiben. – Nun muß ich schliessen, denn ich muß über hals und kopf schreiben – komponirt ist schon alles – aber geschrieben noch nicht. – bitte meine Empfehlung an alle gute freunde und freundin von mir zu machen, nebst meinen Neu=Jahrs=wunsch – gestern habe die 15 fl: abgenommen – es wird mir nicht viel überbleiben – denn es giebt doch hundert kleinigkeiten die gleich ins geld laufen – und ich giebe gewis nichts unnöthiges aus – den schwarzen Rock zu wenden, ein Neutes unterfutter von tamis – in den braunen kleid den Ärmel zu flicken, macht schon 7 fl: 24 kr: – also bittete ich schon wieder um eine anweisung. es ist gut wenn man so was im

vorath hat; – man kann sich doch nicht ganz entblössen – Adieu,
ich küsse ihnen 1000 mal die hände und meine schwester umarme
von ganzen herzen und bin Ewig Dero gehorsamst Sohn

Wolfgang Amadè Mozart

Mein Compliment an die liebe thresel – die magd die mich hier
im hauße bedient, heist auch thresl – aber, gott! – was für ein unterschied gegen der linzer=thresl! – an schönheit, tugend, reitze –
und tausend anderen verdiensten! –

Sie werden schon wissen daß der gute Castrat Marchesi – mar-
quesius di Milano in Neapel ist vergiftet worden – aber wie! – er
war in eine Herzogin verliebt – und ihr rechter amant war darüber jaloux und schickte 3 oder 4 kerle zu ihm, und die liessen
ihm die Wahl – ob er aus diesem geschier trinken wolle, oder lieber Massakrirt seyn wolle – er wählte das erstere – weil er aber
ein Welscher hasenfuß war, so starb er allein – und liess seine
herrn Mörder in Ruhe und friede leben – ich hätte wenigstens (–
in meinem Zimmer!) ein paar mit mir in die andere Welt genommen, wenn es schon gestorben hätte seyn müssen. – schäde für einen so vortreflichen sänger! – Adieu.

Am Neujahrstage

Das Auge sinkt, die Sinne wollen scheiden:
»Fahr wohl, du altes Jahr, mit Freud' und Leiden!
Der Himmel schenkt ein neues, wenn er will.«
So neigt der Mensch sein Haupt an Gottes Güte,
Die alte fällt, es keimt die neue Blüte
Aus Eis und Schnee, die Pflanze Gottes, still.

Die Nacht entflieht, der Schlaf den Augenlidern:
»Willkommen junger Tag mit deinen Brüdern!
Wo bist du denn, du liebes neues Jahr?«
Da steht es in des Morgenlichtes Prangen,
Es hat die ganze Erde rings umfangen
Und schaut ihm in die Augen ernst und klar.

»Gegrüßt du Menschenherz mit deinen Schwächen,
Du Herz voll Kraft und Reue und Gebrechen,
Ich bringe neue Prüfungszeit vom Herrn!«
»Gegrüßt du neues Jahr mit deinen Freuden,
Das Leben ist so süß, und wären's Leiden,
Ach, alles nimmt man mit dem Leben gern!«

»O Menschenherz, wie ist dein Haus zerfallen!
Wie magst du doch, du Erbe jener Hallen,
Wie magst du wohnen in so wüstem Graus!«
»O neues Jahr, ich bin ja nie daheime!
Ein Wandersmann durchzieh ich ferne Räume,
Es heißt wohl so, es ist doch nicht mein Haus.«

»O Menschenherz, was hast du denn zu treiben,
Daß du nicht kannst in deiner Heimat bleiben
Und halten sie bereit für deinen Herrn?«
»O neues Jahr, du mußt noch viel erfahren;
Kennst du nicht Krieg und Seuchen und Gefahren!
Und meine liebsten Sorgen wohnen fern.«

»O Menschenherz, kannst du denn alles zwingen?
Muß dir der Himmel Tau und Regen bringen,
Und öffnet sich die Erde deinem Wort?«
»Ach nein! ich kann nur sehn und mich betrüben,
Es ist noch leider nach wie vor geblieben
Und geht die angewiesnen Wege fort.«

»O tückisch Herz, du willst es nur nicht sagen,
Die Welt hat ihre Zelte aufgeschlagen,
Drin labt sie dich mit ihrem Taumelwein.«
»*Der* bittre Becher mag mich nicht erfreuen,
Sein Schaum heißt Sünde und sein Trank Gereuen,
Zudem läßt mich die Sorge nie allein.«

»Hör an, o Herz, ich will es dir verkünden,
Willst du den Pfeil in seinem Fluge binden?
Du siehst sein Ziel nicht, hat er darum keins?«
»Ich weiß es wohl, uns ist ein Tag bereitet,
Da wird es klar, wie alles wohl geleitet,
Und all die tausend Ziele dennoch eins.«

»O Herz, du bist von Torheit ganz befangen!
Dies alles weißt du, und dir kann noch bangen!
O böser Diener, treulos aller Pflicht!
Ein jeglich Ding füllt seinen Platz mit Ehren,
Geht seinen Weg und läßt sich nimmer stören,
Dein Gleichnis gibt es auf der Erde nicht!

Du hast den Frieden freventlich vertrieben!
Doch Gottes Gnad' ist grundlos wie sein Lieben,
O kehre heim in dein verödet Haus!
Kehr heim in deine dunkle wüste Zelle,
Und wasche sie mit deinen Tränen helle,
Und lüfte sie mit deinen Seufzern aus!

Und willst du treu die Blicke aufwärts wenden,
So wird der Herr sein heilig Bild dir senden,
Daß du es hegst, in Glauben und Vertraun,
Dann darf ich einst an deinem Kranze winden,
Und sollte dich das neue Jahr noch finden,
So mög' es in ein Gotteshäuslein schaun!«

Der Blick in den Sternenhimmel

Von Beobachtung des Gestirns

Darum auch *der* Gott nicht vertraut,
Wer so auf die Gestirne baut,
Daß Stunden, Monde, Tag und Jahre
So glücklich seien, daß man wahre
Sich vor und nach, und läßt das sein,
Was nicht zu *dieser* Zeit kann sein,
Daß es nur nicht geschehen mag
An einem unglücksvollen Tag.
Denn wer nicht etwas Neues trägt
Und um Neujahr nicht Singens pflegt
Und Tannenreisig steckt ans Haus,
Der meint, er leb' das Jahr nicht aus;
Das hielt Egypten schon für wahr!
Desgleichen, wem zum neuen Jahr
Von Anderen nichts wird geschenkt,
Der meint, daß schlecht das Jahr anfängt.
So gibt's Unglauben allerlei
Mit Wahrsagung und Vogelschrei,
Mit Formeln, Segen, Träumenbuche,
Und daß man bei dem Mondschein suche
Oder der schwarzen Kunst nachjage;
Nichts gibt es, dem man nicht nachfrage.
Ein Jeder schwört, es fehl' ihm nit,
Doch fehlt's um einen Bauernschritt.
Nicht daß der Sterne Lauf allein
Sie deuten, – jedes Ding so klein,
Das Allerkleinst' im Fliegenhirn
Will man jetzt wissen aus Gestirn,
Und was man reden, rathen werde,
Wie einer Glück hab', – die Geberde

Und Absicht, Unfall, Kränklichkeit
Wird frevelnd aus Gestirn prophezeit.
Von Narrheit ist die Welt betäubt
Und jedem Narrn man jetzo gläubt.
Viel Practik und Weissagekunst
Verbreitet jetzt der Drucker Gunst;
Die drucken alles, was man bringt
Und was man schändlich sagt und singt.
Da schaut nun Niemand strafend drein,
Die Welt, die will betrogen sein!

PAUL SCHEERBART

Das Gespensterfest
Eine Silvestergeschichte

Der alte Baron Münchhausen kann sich von China garnicht trennen; jetzt hat er bereits den Kaiser von China kennen gelernt – und da schäumt nun seine Begeisterung einfach über. Diese kommt in seinen Briefen an die Gräfin Clarissa vom Rabenstein so heftig zum Ausdruck, daß es sich wohl lohnt, noch einen dieser Briefe hier zum Abdrucke zu bringen.

Die Gräfin, die jetzt vierundzwanzig Jahre ist, muß sich augenblicklich in einer Berliner Klinik einer kleinen Operation unterziehen. Die ist aber nicht im mindesten beunruhigend.

Der alte Baron schreibt ihr aus Peking in seiner bekannten Frische das Folgende:

Meine liebe Clarissa!

Während Du Dich in Berlin operieren lassen mußt, haben mirs die Chinesen jetzt ganz und gar angetan.

Der Silvester des Jahres 1910 war für mich ein großes großes Ereignis. Urplötzlich hatte nämlich der hiesige Kaiser mir seine Automobile gesandt und mich sehr höflich bitten lassen, ihn doch gleich zu besuchen.

Ich wandelte grade in einem grünseidenen Schlafrock durch meinen kleinen Park. Doch – lassen wir das Nebensächliche. Ich kam hin, und der Kaiser sagte gleich:

»Gestatten Sie, Herr Baron daß ich Sie immer kurz nur Münch nenne, wie es die Gräfin Clarissa tut?«

»Majestät«, erwiderte ich heiter, »ich gestatte!«

»Dann gestatte ich Ihnen«, fuhr er jovial fort, »daß Sie mich Li-To nennen. So nannte mich immer meine selige Frau Großmama. An die erinnern Sie mich öfters.«

»Ich bin«, versetzte ich lächelnd, »mindestens dreimal so alt wie Ihre Frau Großmama. Aber Majestät – ich wollte sagen: lieber Herr Li-To – es ehrt mich ungemein …«

»Machen Sie keine«, rief Majestät, »so furchtbar überflüssige Redensarten. Sie sind hier im aufgeklärtesten Lande der Erdrinde – beim veritablen Sohne des Himmels. Eigentlich sind wir alle Söhne des Himmels. Setzen Sie sich, lieber Münch. Sie können auch das Herr weglassen, denn ich bin zu einem alten Herrn, der nun schon sein einhundertundsechsundachtzigstes Lebensjahr erreicht hat, mächtig jovial. Na – das merken Sie wohl.«

Ich will nicht weiter mit dieser kaiserlichen Fraternität paradieren. Aber Du sollst bloß sehen, daß ich hier *persona gratissima* bin. Das wird Dich freuen, darum sag ich das. In Europa kamen mir die alten Potentaten nicht so liebenswürdig entgegen – wie hier der junge Potentat Li-To.

Im Volke heißt er natürlich nicht Li-To.

Aber im Volke weiß man ja von dem Leben der Potentaten so wenig. Man faßt da alles so anders auf. Und man mißversteht so viele Dinge, denkt, der Kaiser von China hat einen Harem mit tausend Frauen und muß darum ein Idiot sein. Wir haben von seinem Harem nicht eine Silbe gesprochen.

»Seine Zeit«, sagte er, »mit Regierungsgeschäften anfüllen – das mag so die Gepflogenheit europäischer Potentaten sein. In China lächelt man darüber und verlangt derartiges von mir nicht. Einmal im Jahre habe ich mich dem Volke zu zeigen. Damit aber sind alle meine Regierungspflichten erfüllt. Das Übrige machen meine Mandarine. Und ich bin nicht so eitel, daß ich glauben könnte, durch persönliches Eingreifen viel besser zu machen. Im Gegenteil: Da ich die Verhältnisse im Volke doch niemals richtig überblicken kann, so glaube ich, daß jedes persönliche Eingreifen nur verwirren dürfte – ganz abgesehen davon, daß es nicht majestätisch wirkt. Majestätisch zu wirken aber – dazu bin ich verpflichtet. Indessen – von alledem spricht man nicht so viel. Lieber Münch, kommen wir auf das, was ich mit Ihnen zusammen genießen will. Heute haben wir Silvester.«

»Lieber Li-To«, sagte ich leise, »jetzt bin ich aber mächtig neugierig. Eine Lappalie ist es nicht. Davon bin ich überzeugt.«

»Da haben Sie«, versetzte er lachend, »ins Schwarze getroffen. Ich will ja mit Ihnen ein Gespensterfest mitmachen.«

»Ein Gespensterfest?« rief ich entsetzt.

»Jawohl, ein Gespensterfest!« fuhr er lächelnd fort, »Sie wissen doch, daß zwischen 11 und 12 Uhr die sogenannte Geisterstunde ist. Nun gut! Am Silvester eines jeden Jahres betrinken sich die meisten Menschen – die Astronomen aber auch – und zwar alle. Das ist so auf dem Stern Erde. Ich also sagte: ha! ha! um die Zeit kann also wohl auf den Sternwarten was ganz Besonderes zu sehen sein – das, was geheim bleiben soll. Merken Sie was, lieber Münch?«

Ich verneinte, und er fuhr fort:

»Ich hab im vorigen Jahr was Imposantes entdeckt – auf unsrer Sternwarte. Ich bin überzeugt, daß ich in diesem Jahre etwas Ähnliches entdecken werde. Und das will ich mit Ihnen zusammen genießen. Sind Sie einverstanden, lieber Münch?«

Ich bejahte.

Und wir aßen dann unter anregendem Gespräch ein vorzügliches Abendbrot – zur Stärkung – wir beide ganz allein. Das war auch schon himmlisch.

Aber das wahrhaft Himmlische kam dann für den Sohn des Himmels und für mich um die elfte Stunde – hoch oben auf der Sternwarte des Kaisers von China im Residenzpalaste zu Peking, allwo wir beide auch allein waren, während alle andern Schloßbeamten, Schloßgelehrten, Schloßmandarine und Schloßdiener den Abgang des alten Jahres in schlemmerhafter Weise feierten.

Wir saßen währenddem schweigend vor unsern beiden Teleskopen und suchten das Himmelsfeld dicht über dem Horizont ab.

Und was wir erwarteten, konnten wir bald sehen.

So was hab ich nicht für möglich gehalten.

Aber wahr ist es.

Die Beschreibung fällt mir etwas schwer.

Es ging alles zu schnell.

Zuerst sahen wir weiße Flecke über dem Horizont. Die gingen plötzlich in Kristallformen über und sandten glühende Farbenkegel aus wie Brillanten.

Dann fielen ganz zarte Schleiergebilde über die Brillanten und nahmen ihnen das Licht.

Und bald lag das Ganze wie ein feines Wolkengebirge da – hellblaue – und auch dunkelblaue – und auch einfach graue Stellen dazwischen.

»Das ist nur der Anfang!« sagte der Kaiser.

Man mußte das Teleskop oftmals drehen, da man ja immer nur einen kleinen Teil des Himmels sah.

Nun gab mir der Kaiser einen großen Operngucker, der auf einem großen drehbaren Gestell ruhte.

Damit konnte man nun mehr sehen.

Es war wie in einem Theater.

Und ich hatte schon den Kaiser im Verdacht, daß er uns am Horizonte einfach etwas vormachen ließ – von seinen Leuten.

Da jedoch reckten sich gelbe Gebilde am Horizont empor und wuchsen immer höher und blieben durchsichtig wie Kometenschweife und bekamen baumartige Formen mit starken Ästen. Und diese gelblichen Bäume erhielten rote Ränder auf einer Seite.

Und aus den Ästen sprangen bläuliche Wesen hervor mit großen blauen Köpfen.

Und das Ganze verschwand mit einem feinen hörbaren Knall.

»Was ist das denn?« fragte ich ruhig.

Und der Kaiser sagte:

»Ein Gespensterfest! War schon im vorigen Jahre da. Aber damals wars ganz anders. Unsre Astronomen amüsieren sich und lassen sich das Herrlichste des ganzen Himmels entgehen. Ich habs ihnen nicht gesagt. Aber Sie, Münchhausen, können die Geschichte den Europäern erzählen. Man entdeckt hier doch mehr als in Europa! Ah! jetzt kommt es!«

Und es wurde der ganze Himmel dunkelviolett. Und karminrote Gestalten – wie abenteuerliche Rosse – jagten auf dem dunkelvioletten Hintergrunde vorüber. Gleichzeitig kam eine grellgrüne kleine Sonne über dem Horizont zur Hälfte vor und sandte kleine Scheinwerfer – hellgrüne – nach allen Seiten. Und die Sonne bekam dunkelgrüne Augen, die leuchteten und brannten wie Smaragde.

Wieder ein kleiner feiner Knall – und alles tobte wüst durcheinander, daß wir nicht folgen konnten.

Danach gingen – an das Fabelhafte des ganzen Vorganges hatte ich mich schrecklich schnell gewöhnt – die Beine großer Gestalten vorüber. Die Köpfe konnte ich nicht sehen. Aber die Beine waren pechschwarz und hatten unzählige Kniegelenke übereinander. Die Füße hatten ganz lächerliche Formen, gingen auf und ab – wie bei einem langsamen Tanz.

Und dann wurde alles am Himmel so hell, daß wir die Augen schließen mußten. Das Licht blendete uns.

»Das soll ein Gespensterfest sein?« fragte ich langsam.

»Münch«, rief da der Kaiser zornig, »Sie sind an so abenteuerliche Geschichten gewöhnt, daß Ihnen das Gespensterfest keine größere Freude bereitet. Sie sind doch maßlos blasiert. Ein Astronom würde an Ihrer Stelle halbtot vor Begeisterung sein. Sie sollten sich doch ein wenig schämen.«

»Majestät!« rief ich da auch etwas aufgebracht, »wenn ich hier herumhopse vor purer Begeisterung, so bin ich doch nicht in der Lage, die seltsamen Abenteuer weiter zu verfolgen. Man muß doch neuen Erscheinungen gegenüber seine Ruhe bewahren. Jedenfalls möchte ich doch die Natur dieser Gespenster etwas näher kennen lernen. Vorläufig finde ich noch nicht den Zusammenhang.«

Da bildete sich in der Mitte hinter den tanzenden schwarzen Gespensterbeinen ein großes Loch. Die Beine verschwanden, und das große Loch wurde grau, spinngewebeartig und immer größer.

»Schnell wieder an die Teleskope!« schrie der Kaiser.

Wir tatens und sahen nun in dem grauen Loch eine Unmenge von geisterhaften Wesen – alle grau – und wie Schleier wirkend – mit großen und kleinen Köpfen. Die wogten da durcheinander. Und man sah, daß alles in einer gewissen festlichen Bewegung war. Und da flammten überall in dem Loch blaue, rote und grüne Lampen auf. Die wirkten ganz klein.

»Münch, hören Sie etwas?« fragte der Kaiser.

Ich horchte, aber ich hörte nichts.

Nun sahen wir wieder durch das große Opernglas und bemerkten, daß derartige Löcher auf allen Seiten des Horizontes sich aufgetan hatten.

Und diese Löcher veränderten ihre Form und wurden zu Abgründen.

Und das ging alles so rasend rasch, daß es mir unmöglich wurde, Einzelheiten festzuhalten.

Ich habe die Absicht, das ganze Traumbild – als solches kam es mir schließlich vor – in einem langen Romane zu schildern.

»Ja«, sagte ich schließlich, als alles verschwunden war, »haben wir das wirklich erlebt? Ich kann noch gar nicht an das Veritable des ganzen Spukes glauben.«

»Im vorigen Jahre«, erwiderte der Kaiser, »ging es mir grade so. Ich glaubte, geträumt zu haben. Deshalb bat ich Sie ja grade, lieber Münch, in diesem Jahre dem Vorgange beizuwohnen. Wir sind auf der Erde bereits an so viele Wunder gewöhnt, daß es uns nicht wundern darf, wenn wir ein wenig abgespannt selbst dem Kolossalsten beiwohnen. Dieses war wohl das Kolossalste, das ich erlebt habe. Ich freue mich schon auf das nächste Jahr. Ich glaube, die Silvesternacht wird immer großartiger werden. Jetzt wollen wir auch die Herren der Wissenschaft darauf aufmerksam machen. Die sollen uns diese himmlischen Wunder erklären. Ich fürchte, ihre Weisheit wird dabei ebenso versagen – wie bei allen andern Wundern des Himmels. Ist denn die Sonne – und sind denn die Kometen – weniger wunderbar als das, was wir heute sahen?«

Also sprach der Kaiser von China.
Ich füge dem nichts mehr hinzu.

Ich bin wie stets
Dein alter
Münch von Münchhausen.

Die Abenteuer der Sylvesternacht

I

(Zettelschneiden=zettelschneiden=zettelschneiden : wenn mir *das* Einer am Wäschekorb gesungen hätte, daß ich im 50. Lebensjahre mal bei Anlegung der Register zu einem zwölfbändigen Heiligenlexikon helfen würde ... ! Und wieder einmal mehr aus dem freien Augeneckchen die Dinger betrachten: etwas das keinen Bauch hatte, sondern nur einen Rücken; (und auch den manchmal nicht: ein Buch, ein krankes Buch, ein schwerkrankes Buch); er mießfiel mir mehr & mehr dieser ALBAN BUTLER !). –

: »Ich würde GOtt prinzipiell mit ‹Sie› anreden; ich duz' mich nich mit Jedem.« »HaßDu Dein'n Vater nie ‹Du› genannt ?«, tadelte er würdig; und schnitt, (zeigte aber auch schon die Zähne, während er das Metallschablonchen richtete – DIN A 8; 74,33 mal 52,56 – und scheerenschnäbelte mit Macht; allerdings nicht der des Starken, man bloß des Nerwösn). : »Ganz ungern, Du ! Das hat mir in den alten Büchern immer gut gefallen, wie da die Kinder ihre Eltern so mit ‹Sie› oder ‹Ihr› abfertigen: Distanzdistanz. Sage mir, wo Du hingehst; und ich geh sofort entgegengesetzt !«. Er schnitt. Murrte überdrüssig ein »Heiliger Bembo –«. : »Sehr richtig, Jule : vom italienischen ‹Bambino› gleich Jesuskindlein. Du bist doch immer stilvoll.« (Schtiel=foll). –

: »Sind's *noch* nich genuck ? !«. – Ich musterte erst das bescheidene Häufchen; dann, etwas länger, ihn; (und nochmal kurz das Häufchen: der Blick schien mir gelungen zu sein; er senkte sogar den Kopf. Und schnitt. Beschwörend) : »Laß Dir bloß *so* ein'n Auftrag nich wieder andrehn, Jule: bis 5. Januar abzuliefern! Und sogar noch ein ‹gedrängtes Register›; das heißt eins, bei dem De *denkn* mußt: wo gibznn so was: für 400 Mark durch Zwei ooch noch ‹denken› ? Das soll doch gefälligst Derjenige machen, der den Käse übersetzt hat !«. (Gewiß, die Bemerkung war nicht neu; ich hatte sie im Lauf dieser letzten Nächte bereits mehrfach vorgetragen. Und wußte auch seine, wahrlich nicht un=stichhaltige Entgegnung: wie da sein Verleger den nächsten Übersetzungsauftrag diskret damit gekoppelt hatte, aut BUT-LER aut nihil; und ihm dann ‹die Wahl› gelassen, tz. Wenn man wenigstens noch Zeit gehabt hätte: so in leereren Stunden, wenn man vorher ehrlich gearbeitet hat, lassen sich Acta Sanctorum, unvernagelt betrachtet, ja durchaus kulturhistorisch lesen – aber so, wo wir bis morgen Früh fertig zu sein hatten !) : »Gib acht: beim nächsten Auftrag stellt er die Bedingung, daß De vorher katholisch wirst.« : »Mensch, mal'n Deuwl nich an de Wand!«, sagte er erschrocken. –

—:!./—:!./—:!./—:

»Wolltn wir nich ne Stunde Pause einlegen ?«, äußerte er schneidend (nämlich mit der Scheere) : »stell doch ma's Radio an, daß wir die Zeit nich verpassen; ganz genau geht meine Uhr nie.« (Tja; das hatten wir uns zum Jahreswechsel als Belohnung versprochen. Und anschließend halt weiter machen. Morgen Früh mußte er, die große Zettelkartei unterm Arm, den Re=Bus nach Hannover erwischen: 3 Tage durfte er für die Reinschrift ansetzen, und jeden à 24 Stunden, pff. / – . – : »Na kommschonnkomm ! –«, ich, zur zitronen glühenden Scala gewandt; (würden wieder baß blödeln im Abend=Land, the only nut=house run by its inmates; bei uns ist kein Amt so klein, daß es nicht den Galgen verdiente: dschunkelte es nicht schon leis' über die Sieben Berge her, von den Sieben Zwergen her, kilohertzlich & ganz Watt ihr Volt – ?). – Lieber noch'n Spürchen leiser stellen –, – : so.).

»Und Du hast unterdessen, unaufhörlich=schnittlernd, die Wonnen der Repetition empfunden, gelt ?« : »Die fleg'ich bei was Gans=Anderm zu empfindn«, versetzte er unwirsch; und richtete dann das große Ohr begierig hin zur Regierungsmaschine. / Dort erscholl, unschwer vorauszusagen, das beliebte Gemisch aus Kuhreigen & Betrachtungen Führender Politiker, (die Alle ‹für den Frieden kämpfen› wollten: daß man immer diese demobilisierten Kriegsausdrücke verwenden muß ! Die rüstig schleichende Rüstungsverlotterung der Finanzen blieb, um die festliche Nacht nicht unnütz zu trüben, ebenso unerwähnt, wie die vor der Tür stehende Portoerhöhung). Und mehr ‹Rheinländer› in den besten Jahren. Bischofsworte deuteten an, daß ein gutes Schaf bekanntlich sein Leben für den Hirten ließe. (Und wir, am BUTLER mitarbeitend, durften noch gar nich mal anheben, illegal dreinzuschauen) : »Also Jule : das nächste Mal« : ‹DITT=DITT=DITT !› –

: »Drei'nzwanzichuhrDreißich : auf, Jule ! Ich kann das nich mehr mit=anhören –«; er erhob sich bereits, mehr als gehorsam. (Und ich sah doch wieder interessiert seinem Futteral für *zwei* Brillen zu : wie praktisch! So eins *mußte* er mir das nächste Mal mitbringen.) / Nochmal nach'm Ofen kuckn – das Türlein ging von selber auf, als ich, 1 Meter entfernt, auf das (entsprechende) Dielenbrett trat: 500 Mal am Tage ungefähr; *das* kann Ein'n vielleicht verrückt machen! (Abweisend: »Ich sprech' mit dem Ofm –«.) / Er besah mich teilnahmsvoll, wie ich meine gefütterten hohen Stiefel vorm Anziehen erst so hoch=herumschwenkte, daß die Mündung nach unten zeigte. –: »Fetischistische Ceremonie?« : »Nee. Ob Wäscheklammern drin sind.« Auch, da seine Miene sich noch mehr verunruhigen wollte, (es iss ebm weder Fantasie noch Logik mehr bei den Menschen) : »Achwas ‹fixe Idee› ! Du hast'och selber heut Abend zugekuckt, wie die Katzen im Korridor spieltn : da waren schon öfter Wäscheklammern in meinen umgeranntn Schuhen. Oder Tischtennisbälle; und ich bin nich der Mann, dessen Metatarsus dergleichen zweimal zustößt.« Er rückte befriedigt die Am=Mors=Hülle auf morbleu, (Draperien für die Schießscharte); nestlte rheumalind am Lammfellkoller, : »Wenn bei mir der Hals warm iss, bin ich am ganzn Körper warm.« Und oben drauf den flachnschwarznrundn Zaubererhut.

: »Taschenlampe? – Überflüssig: Oliver is in town. – Aber *eins* könntn wir noch machn –«; (er, Dekan aller Müßiggänger, stand schon, entschlossen zur Pause, vor'm Häuschen; genau am Rande der scheckijn Nacht) –: »achtma auf'n Schornstein !«.

(Und flink rein & raus). / –: ? –: ! : ! ! : »Gelt! ?«. Denn eine treff-
liche Rauch=Feder, lang & weißlockicht, entstand dem Haus am
düsteren Giebelhut; (und die Dämmermaske des Mondes sah
uns interessiert zu. – Erklären: wie ich den neulich=gefundenen
kaputtn Gummiball schnell auf die Glut geworfen hätte; und wir
nunmehr nach Herzenslust den Rauch bewundern könntn :
»CLAUDIUS, ‹Neue Erfindung›; ‹Nachträge & Ergän-
zungn›.«).

– : »HasDu die Flasche auch mit ?« – : »MeinsDu: jetz *gleich*
noch Ein'n ?«, erkundigte ich mich zögernd. Aber er, trotzig, »Ja
wohl! –«; dann, niedergeschlagener: »Ich muß die Stundn nützn,
wo SIE mich nich – –«. (Der Satz blieb hintn offm stehn; ‹Der
Werwolf eines Nachts entwich vor Weib & Kind›; bitte; aber) :
»Nich so viel, Jule. Wir müssen dann noch.« : »Och; die Nachtluft hält Ein'n frisch,« behauptete er. Ich öffnete & schloß indessen das Tor Bab el Mandeb. Und wir schlugen den Fußpfad ein.
Der Höhe 72 Komma 8 entgegen. –

2

Baumbarer Acker, zählbare Sterne, (schiffbar, mannbar, bargeld-
los). Denn der fahle Mond (auf schtruppijer Filzunterlage) be-
herrschte nachgerade das Große Ganze. Ansonsten nur I Hand
voll Schterne. Und 2 stattliche Luftschlösser, Wolkenbur-
gen=Silberbolgen : eine im Norden; auf die andere, in Osten,
schritten wir, döusbattierend, zu. Er schwenkte sein infernalisch
Schienbein, und zeigte damit: ? (Der Apfelsinenstern, genau
überm Weg ?) : »Der Kriegsgott Marsch selbstredend. Aus-
nahmsweise ‹in Opposition›.«

Einen Hammerwurf weit bewahrte er nasenweise Stille. Behauptete dann, ich ‹trübe ihm durch Vorangehen den Weg›;
spielte den Ungehalteneren; und heischte »Noch ein'n !«. :
»SchixDu Dich an, ßaiko zu werden ?«. Aber er ergriff die Flasche untadelig. Schlug sich vor seinen bretternen Busen während
er trank; und verschlukkte sich nicht; (Manche könn'n das: beim
Milli Teer hab'ich ma Ein'n gesehen, der die Kasernentreppe hin-

auf stob, und währenddessen I Flasche Bier einschlürfte; in Sprottau. Iss aber wohl Sache der Gnade. : Daß Ei'm ständig diese ultramontanen Wendungen einfielen? ! Achso; der BUT-LER natürlich.) / Er fixierte mich – :

: »Was *hat* man *Alles getan* –« sprach (nein ‹skandierte›) er. Erläuterte, daß er ‹Seine Frigide› meine; und bezeichnete sich anschließend als einen Fall von besonderer Hoffnungslosigkeit. : »Schreib's mit ‹Ph›, Jule. – Daß Du Dich immer noch nich an das Ax=johm gewöhnt hast: ‹Frauen sind so wenig erkenntnissüchtig !›. Und da kannsDe sofortz Große Bundessiegel dran befestigen lassen. « (Da ich mich jedoch, obschon hinter nach Kräften gesenkten Lidern, des bekanntn vergnügtn Hagestolzenlächelns nicht zu erwehren vermochte, beseitigte er meinen Einwand mit einem englischen Ausdruck, den selbst=ich noch nicht vernommen hatte; (naja, er hatte eben nich umsonst im letzten Jahr 2 Ganovenromane übersetzt, nischt wie Katzenhäuser & Heroinkeller, und war dadurch, Potz Romany & Shelta, etwas vor gekommen); abgesehen davon, daß er, im Gegensatz zu mir, die vielsprachige Literatur ausgesprochen liebte, so man um Rollfilme antrifft; oder auf Kohlepapierkartons.) Er sprach während unseres plumpen Hügelan diu klage weiter; ‹Männuß krypt, Faunt in ä Buddl› :

: »Zeitlebens war ich Manns genug, daß die Frau nicht bei fremden Leuten zu arbeiten brauchte: ich kickte die Kumuli, die um sie aufzukommen sich unterfingen, und schirmte den weichgekochten Busen vor Sturmtiefs – sie loopte sorglos GOtt den HErrn, meine beyashmakte Immernüchterne, ob sie gut schlief oder Geistererscheinungen hatte« – (und da öffnete ich doch lauschender die Augen: ich kannte Frau Gertrude; falsche Perlen um den Hals & 'n echtn Deuwel im Slip; sie war durchaus, was Mann erträumte: aber, wehe, was=Alles *zusätzlich* noch !). »Was ist der Körper?, wenn nicht ein Pferd, das im Finstern den trunkenen Reiter durch den Wald der Welt befördert; eine Vorrichtung für den denkenden Kopf, die den Abstand zum Erdboden hält? – Sollte ich mich irren, so irre ich mich ja wohl in bester Gesellschaft!«. Da er mich herausfordernd maß, gab ich ihm, würdig & wortkarg, Recht: »Sprich weiter, Jule; Du sprichst gut heut.«

: »Ich erniedrigte mich früh um Ihretwillen. Sagte zu gleich=dienstaltrigen Ärschen ‹Ho; Kammrad !›, und flüsterte hinter Vorgesetzten ‹Du Flaume! –›. Schwalbige Worte ließ ich wechseln mit Donnergerülps; und kein Mülleimerodem entkam mir, den ich Ihr zu Gefallen nicht gewürzt hätte mit OLD CHANCERY oder Käsebernstein vom Harz, mit senfkörnigen Dillen & Thymianklößchen oder Schalotten aus Arnhejm. Ich bestank Ihre Kammern aufs Furioseste; und bestritt lebenslänglich die Fütterungskosten: ich belud Ihr Peritoneum mit gesüßten Bataten, und plumpte Ihr Mil(ch)reis ins Duo=Dehnum. Ihrer untersetzten Schönheit spann ich Nachtgewänder aus meinen Hauchen, von HIDDENSÖE bis MONA, tuberosig & zeydenschwartz; auch infallible Periodenröckchen, nicht fransenfrei; samt Leistenkrabla, und Talcum mit Bärlapp fur Ihre feuchteren Winkel.« (‹Alle Winkel sind gleich› : die Behauptung mag einen Mathe=Professor zum Rasen bringen, einem armen Mauerblümchen=Mensch wird nichts einleuchtender scheinen. Während er, HESEKIEL 16,7–14, furder schnapsodierte) :

: »Ihre Zimmer versah ich mit rot=tönernden Kreisgärten und Zwischen=Kabeln aus Gutta=Pertscha; überall erstrahlten wattigste Empire, und Fontänen brüsselten aus Albrechts=Quellen. Ich wies Ihr die totalen Mondfinsternisse zur rechten Zeit, und sprach Ihr von STRABON'S Chlamysgestalt; ich erklärte Ihr die Seirim, und CHWOLSON'S nikkende Terafim wurden Ihr nicht=fremd.« (Und seine Stimme lauter als nötich) : »Mit Raritäten reist'ich dann, und skaldete selber genug. Ich kautschte Ihre Rundungen; überzog mich mit Gummi zwex Beywohnung; und setzte den Öl=Hut auf Südwest, bis ich untn aussah wie LETTOW=VORBECK : Wer erquickte mich Eiermüden, entcaloriert vom Feuerböten! ?« (‹Wer rettete vom Tode mich Vonsklawerei ?›; aber er scholl & boll so hitzig über Pari, daß ich ihm gleich noch einmal den gläsernen Hohlziegel reichte: ! Er, besänftigter) : »Du, unbeschnittenen Auges, erblicktest Vieles noch nicht.«

All dies in einer so öden Gegend gesprochen, in blattloser Zeit. Schon gingen wir neben reifröckigen Jungfichten dahin, (Alle zwischen 12 & 15, wo die Biester kokett werden !); auch dünngepuderte Birkenbüsche (zu ‹mehr› hatte's Geld nich gelangt); und spitzige Sterne strichen selbst durch die dünnstn Zweiglein nebenher. / – : ein sehr fernes=feines ‹Bau! : Bau!›?: »Sagn wir: ein ‹Fasanen=Beller›. Sogar ‹Fasanen=Rauch› gab es einst, laut ADELUNG.«; (Unterschrift ‹Herr de la Lande›. Sein dazugehöriges Licht sah man noch nicht; das heißt, *ich* wußte wohl, wo er wohnte.) / Und stehen bleiben. (‹Ohne Zeichen eines Lebens›. Abgesehen von den hellbraunen Eichenblättern, unverkennbar aus teurem Packpapier geschnitten, die an ihren klauen=artigen Ästchen noch zappeln.) Trotz der winterlichen Reduktion enorm viel Einzelheiten : man sieht in jedem Falle mehr, als man widergeben kann. –

Und eisgekühlte Luft trinkn; im Rükkn immerschattendes Nadelholz. / : » Wo sind Wir ? !«; Jule. Und ich, den rechten Fuß dick=tatorisch feierlich auf dem TP : »10 Grat; 21 Minutn; 37 Komma einszwosexzwo (1262) Seckundn östlich von Grienitsch. : 52 Grat, 42 Minutn; 25 Komma Nullneunundacht (25,0998) nördlicher Breite.« Pause. »In 72 Komma 78 Metern Höhe über dem Meeresspiegel: ‹Vivat Jhone Neper of Merchistoun› !«. »Ä=er lebe,« sagte er hastig. Und sann. Auffahrend: »KönntesDu nich auch noch den Zeit=Punkt etwas un=volkstümlich ausdrücken? – Ich weiß nich : je älter ich werde, desto mehr bin ich gegen's Volkstümliche; komisch.« (Bitte; ich hatte mich vorbereitet) : »2 Milljonen 438 Tausend 030, Komma nusagnwa 99 : ‹Julianische Nächte kannsDu niemals vergessen !›«. »Demnach gleich Null 31,« stellte er, erstaunlich einsichtig, fest. Ergriffener: »Du das'ss aber 'ne herrliche Aus=Sicht ! —

Oh ja, verschneite Wiesenweiten, fein schraffiert mit Vorjahrsgräsern : »Das ‹Lokkere Moor›.« 1, 2 rüstige Birken darin,

(die eine leider mißbräuchlich als Jagdsitz hergerichtet); die
schönste Erlengruppe der ganzen Gemeinde, mit denen man reden konnte, wie mit Bäumen von Alter & Erfahrung. (‹Ein
Baum, der habituell gegrüßt wird› : das müßte man den Herren
Landwirtn wieder suggerieren können; wie zu Hermann's Zeitn;
(obwohl ich gar so entsetzliche Stücke auf ihn, Hermann, nicht
halte). Am ehesten noch durch drohende Weisgetüme : ‹So lange
stehet der Mathbergwald : so lange Hillfeld zusammenhalt'!›,
(‹Wenn Sylvester es schneit, ist Neujahr nicht weit›.).) / »Oh ja :
selbs'der Schuppm wirkt doll.« Während wir, auf Hermelintep-
pich, bis an den Rand der Sandgrube vorschritten, wo Einem nun
endgiltig aëronautisch im Gemüt wurde; (und die Luft=Mienen
noch enthusiastischer). / Schon zog ich meinen Koste=Löffel,
‹meß mer'n Tee›, den ich winters grundsätzlich bei mir führe;
(kräftiges Aluminium; ohne Beschriftung wäre er unschätzbar –
aber in unserer Welt gibt es nichts Unbeschriftetes mehr);
schöpfte vom nächsten Baumstummf. Und schmeckte. – (So
kennerlich, so sachlich, daß Jule sofort erst neugierig, dann nei-
disch wurde. Und ihn ebenfalls verlangte. (Sehr wohlschmek-
kend, nebenbei bemerkt : das sind auch so alte Columellen, die
uns weitgehend abhanden – richtiger ab=munden, ab=zungen –
gekommen sind, die Geschmäcker von Regen & Schnee festzu-
stellen; und dann daraus zu schließen, was zu schließen ist. Da
gibt es Rübenartigen; solchen, der wie Hunde riecht; manchmal
nach laschem rohem Fleisch; heute schien er neu=tral. Bzw. das
Zünglein an der Waage, durch den zuvor genossenen Bergtau
träger gemacht, gab nicht den genügenden Ausschlag; das findet
man aber bei jedem Instrument mal.) Und Jule schaufelte, ‹im
Busen fühl ich den Weh=Suuf›.) : »Nun folgere aber auch einiges!
– Was iss=iss für Schnee? : stammt er aus tiefer Luft, vom Düm-
mer her? Kommt er vom Harz, wo das Gespenst brockt, nehst &
silberschlackt? ErschmexDu die ‹sogenannte DDR› ? Oder
tippsDe auf Richtung Äidtkuhnen, wenn nicht gar Alma Ata? :
sag doch was !«; (und schaufelte zwischendurch zwischenein,
daß selbst der Griff mit Gefrorenem belegt war). – »Ich möchte

meinen: es ist jener Schnee, der immer von vorn kommt.« Und
frostig schweigen (ich); und betroffen sinnen (er). / (Ganzfern,
SSO, ein Automotor. Vielleicht ein Tierarzt, der einem armen
Schwein half. Jule vernahm es nicht; er hörte schon ein bißchen
…) :

: ‹Kss. – Kn=Knpp ! – Knn.› –

: ? ?; Jules Blaßgesicht; (ich verriegelte gleich, beispielhaft, den
Mund mit dem Finger : !). ‹Sie sind diebisch, und scheuen nicht
den Mond›; und zeigen: etwas rechts von der widerlichen
Jagd=Kabine …:? … : ! !. (Ein Marder nämlich.) Der schlanke
Horizontal=Kerl; mit dem weißen Winkel als Pull-
over=Ausschnitt : »Daran erkennsDu ihn.« (Irgend ein
Halb=Meyer schien neuen Müll angefahren zu haben; vom aus-
rangierten blauen Kachelöfchen an, Kinderwagen & Stuhltrüm-
mer, bis zu abgenuddlten Konservenbüchsen, und aussortiertn
Kartoffin.) Ein Mal warf er 1 Blick zu uns hoch, ganz ‹Falken-
auge›; grüßte aber mit nichten, sondern botanisierte einfach weiter, geruhsamst über gefrorene Sandscheibchen dahin. – Wir entfernten uns dann auch bald; ehrerbietig, auf Zehenspitzen,
schräg durch den schütteren Wald.

Frappiert stehen bleiben? Gewiß : grashalmmäßig hochgetrie-
bene Föhren; dahinter der fahle Mondhimmel, und – achso! –
keck 10 Meter hoch hineingeschleudert in all die ‹Rasen-
stück›=Grafik ein halbes Dutzend Fahrrad=Reifen : Bäume mit
Ohrringen halt; darob war der Ignorant so=platt ? : »'ne ganz
normale Belustijunk der Bauern=Jungen doch. Was dengsDe,
was Die sich so langweiln ? : ich hab ma geschlagene Fünfminutn
lang zugekuckt, wie sich Zweie, beim Mistbreiten, den Dreck
immer nach hintn, über die Köpfe weg, warfen. Aus reiner Verzweiflung; bloß damitz ma was andres war. Uff'm Lande wirsDe
so. – Nenn's ‹Sürrealismus›, und komm drunter weck.« / Oder:
»Nee=Jule : ‹Tannzapfm=Sammln› kommt in der Bundesrepu-
blik nich infrage; ‹man ist etwas faul im Staat'er D=Mark›. – Es
soll da so'n Gesetz in der Weltgeschichte gebm, wonach vor dem
Untergang grundsätzlich der Verfall kommt,« schloß ich gleich-

gültig. (Blieb dann doch stehen; und gedachte der Silberhochzeit meiner Schwester=neulich, drüben in der DDR: die hatte auf mich, in so mancher Hinsicht, vertraut & ‹normaler› gewirkt, mit ihrem Lebens=Standard etwa der Zwanzijer=dreißijerjahre. Weit wenijer Autos, (sehr wohlthuend !). Viel billijere Mieten. Die RECLAM=Nummer wie in alter Zeit; und das neue Conversations=Lexicon hatte schon 8 Bände! Trotz gegenteilijer Nach=Richter hatte der Goldregen geblüht; und weder im Kinder=Garten noch im Spielzeugladen hatte ich auch nur 1 Panthser erblickt: *das* hatte mir gleich gefallen !). »NaDú. Drübm=Sein möcht' ich ooch nich,« sagte er nervös: »Gibt's wieder was zu sehen ?« (Da ich bei der ersten großen Birke stehen geblieben war. : Versteht sich; wo gäbe es wohl nichts zu sehen? Hier sogar Dreierlei) :

1.) Ein ‹natürlicher› Eissteg über den schmalen Graben; und das hübsche Muster von Hasen=Pötchen drauf. (Und weiter, quer=feldein. Aber er lächelte mir zu sinnig, wie ein Schnurkeramiker. Worauf ich mich moralisch genötigt dünkte, ihm nun doch auch die weniger ornamentale Nummer

2.) zu zeigen) : im Ackerschnee gegenüber ein, erst angeschossenes dann verfiebert=verhungertes Kleinstkaninchen. »Beachte die Augen: von Krähen bereits lecker=bissig ausgehackt.« – : »Das iss GOttessache; nich die meine«, versuchte er sich raus zu reden. Dann, doch schaudernder: »Du bist aber ein schrecklich aufrechter Karackter !«. (Das war zwar eine Unterstellung – ich bin schließlich auch bloß 1 armes Luder made in Germany – aber selbst=mich überkam unabweislich das Gefühl des Nocheinenbrauchenkönnens.) – Also geleitete ich ihn

3.) wieder zu derselben Birke zurück; und machte ihn am Stamm vorbei visieren –: ? –: »Nein. Rechts davon.« – Bis er endlich das 1 trübe Leuchtpünktchen ausgemacht hatte: »Die einzige Stelle in all der Gegend, wo Du etwas wie ‹das nächste Dorf› erblicken kannst.« – (Da er enttäuscht schien) : »Du

mußt Dir natürlich was dabei denkn ! : ‹Nicht lange währte es,
da gelangten sie in eynsamere Thäler. Nur selten ließ sich eine
Hütte sehen, mit dunkelbrennender Lampe hinter den Scheiben, oder mit einem verglimmenden Heerdesfeuer aus der
halboffenen Thür hervor, wo man noch auf den Hausherrn,
der als Säufer vielleicht über ferne Hügel hinschweifen
mochte, zu warten schien.›« (Und bot sie ihm bereits dar –:–)
Und rang sie ihm doch wieder aus der verblüfftn Greifhand. :
»HörsDu? ! –« –

: ‹Pumm !› – : ‹Pummpumm=Pumm !›. (Lauter kleine Pumme
am Horizont: so pocht das Neu=Jahr an die Forte !).–/: »Jule ? –
!«: »Gehr'd !«. – / Und *mehr* Akusmata : da geriet der Hori-
zont=untn in anmutig fahle, auch grünliche, Zuckungen. Und
neuerliches Geböller : prommt färbten sich die Westseiten unserer Antlitze pechnelkig : »Jule – ?«. Und er, würdig, wie sich's bei
Lebenswenden ziemt: »Gehr'd.«

– : ‹Pschschsch – – : Pfff! !› : *DER* war *ganz* nahe! – Richtich :
keine 850 Meter von uns, begannen aus dem Papageienhaus die
allerzierlichsten Goldsprudel zu parabeln, die man wohl auf einem großen Theil des bewohnten Erdbodens antreffen mag: ro-
senroth & gelblich grau; und mattmeergrün & zimmetbraun;
(das vorhin schon vernommene Hündlein begleitete jeglichen
Kernschuß mit begeistertem Uploud.) Während die Weiler glüh-
wurmten. Der Berg des Neuen Jahres, ‹Munsdeludo›, vor uns
aufzuragen anhob. Und wir, verantwortungsbewußt, dorfzu
schritten, (wo bereits die Canzonen der Canaille vernehmbar
wurden), durch kniehohe Wälle, vom Schneeflug geschaffen. : »7
sind's übrijens.« (Die Birken. Und er gleich, verständig nikknd :
»Daher ergo die Redensart ‹nicht aus den 7 Birken findn
könn'n›«.). –

(Aber ganz vorsichtig jetzt.) : »Wir bleibm am besten unsichtbar.« (Nebenher der Mond; sittsam aber odalistig blaß.)

3

Dicht am Aurodrom der Bauernmusik – es klang wie eine Übung
der Himmlischen Miliz! *1* Um die Ecke lugen: lustig wehte, 100
Fuß entfernt, das blaue Eis=Fähnchen über der aufgeplatzten
Schenkentür; in ihr der Wirt, rüstig rasselnd mit Schlag-
baum=Schlüsseln, König im Kornhaus, Bauern im Bierhimmel;
Hopfnungsvolle und Malzcontente. –: »Corambé! Genau wie
jüngst bei der Flegel=Henke.«

Lodenhosige Volontaire, die triddelfitzten um self=made=
Witwen in netten Halbstiefelchen, die ihre prallen Waden noch
schaubarer machten; siebierten & ruminierten. Tauglich gemu-
sterte Knechte, alle den Gonorrhal=Stab in der Marstalls=Hose,
und rauhknieige Putzfrauen, erhitzt vom hot, glowing with
bjuty and cruelty : er Homo Arraktus, sie Chant=drehte. Kot-
zütische Greise, einmedalljich=lebensgroß, mit venerablen
Schnurrhaaren, und zweischläfrige Großmägde, feurige Ringe
um die Münder und Buttermilch in den Haaren; der Schnee
kirrschte unter ihren Futen, sie bleck= und weiteten. Gewiß,
auch stätischere Teilnehmer : er Tarzan von Schneiders Gnaden,
sie Gans Miß Celle, und Beide Subscribenten bei Bertelsmann.
Unverantwortlich leichtgekleidete Handlungsgehülfinnen, mit
schicken Shakehändchen, sie zeigtn nach Kräften, was sie nicht
hatten; und ambiwitzige Kaffeereisende, ungedolldich auf Glo-
beletten, (man konnte sie für Hochschullehrer halten, hätten ihre
Gesichter nicht so intelligente Ausdrücke gehabt). Das Wirts-
haus ‹Zum Raben & Zuckerhut›. /: »Komm mit zurück, Jule. In
den Schatten dieser Scheune.«; (ehe er noch Stellung nehmen
konnte, ging's schon los –) – :

: kauerte hin; hob dü Jardine; und – das ging so schnell, wie
beim Dechanten von Badajoz – ‹whis !› – (»kyk, wie das As bacht
!«, Jule, ergriffen. So schlamm wie sie nur cunt. Sah natürlich
nicht übel aus in ihren Invisibles; unhörbar umklippert von
Strumpfualterschnällchen. Aber: »Engagier' Dich nich unnö-
tich, Du : Ländliche Schönheitn leiden meist an den gruslichstn
‹Flüssen›. Weil sie im Winter, ohne Gnade unbarmherzich, auf

die eiskalten Außen=Klos müssen: da laß den Finger von.«). / Dennoch erschienen, trotz der grimmijen Kälte, schier ohne Pause die Pärchen: Jünglinge, pollen=foll, und wonnefeuchte Mägdlein bibbernd auf Perlon=Röhren; sie sein Ersdgeschoß, er ihr Firstphal; enero S=Cape : »Waginula blandula; ‹über das Kuß= & Kratzrecht im ehemaligen Wendland›«. (Und von drinnen schlug die Pauke, burenkrieg'risch, den Takt dazu; und der Brummbaß furzte bei jedem drittn Po=Stüber.) / Natürlich zerrissen auch ältere Aboriginale die Stille; Solche, die lediglich abschlagen wollten, oder sich die Beine vertretn. : »Noch'n beetn speeln,« teilten sie sich gegenseitich mit, (meinten ‹An=Apparaten=drehen›). : »Unn morgn wedder in'n Mudd=Gräbm.«. Der bleierne Rauch ihrer Stumpen behellichte uns wie kurzfristige Nasenringe; «Strafe der Schnüffler». / Aber nun erschien's : die berufenste Athanasierin von Hillfeld=Süd, mit dem renommiertesten Bartspalter der nördlichen Dorfhälfte – (»Nun, Herr Dreibein ?«; denn Jule beugte sich vor, wie wenn er dieses Kind wohl auch mal mit dem Bade hätte ausschütten mögen. Beziehungsweise ‹sich mit ihr in den Haaren haben›. – Aber, traun, dort ging es hoch her) : er sturmtroppte die barärschige Berserkerin, die Fratzen kußmetisch verschränkt, (und die Doppeldeckerminuten von Selbst=Lauten); breit bleckten ihre Oberbeine; er schoß sie behänd zwischen Wind & Wasser – und versuchte sich leistenwelk=niederlendisch zu erheben, während das unbehoste Mensch nur ein 12=pfundisch Gelöchter ließ. (Es leilachte in den Wölkchen; und der Mond wartete diskret in seinem eigenen Marble Arch, entrance to Hide Park. Worte für ihre Gefühle hatten sie nicht, und brauchten auch keine; kehrten vielmehr unverzüglich zurück zu Lo= & Pokal, Lo= & Pokuß.) / : »Nein! : *Du* nicht mehr, Jule !«. – / Ein Untererbeamtentyp, der natürlich mit der Taschenlampe fummeln mußte, auch uns anleuchten, folglich mich erkannte, folglich grüßen mußte – obwohl er, es war ihm sichtlich peinlich, den Phall=Staff bereits in der Faust hielt – er entledigte sich schüchtern nur 1 Bruchteils des von ihm hier Beabsichtigten. Grüßte

nochmals, zitternd vor Wut; und entfernte sich. : »Bekehrter Fi-
lantrof; hat noch nie das Meer gesehen. Er ist bei der Eisenbahn;
sie kann kein'n Zug vertragn.« / Ein total ausgemärgeltes Pärchen, «Er hatte schon den Gift dreymahl nach ihr gesprützet»;
aber sie beschwatzte ihn doch wieder, große Augen am Nasen-
bug, darunter alle möglichen Lippen: cachez ce sein! Aber, LES
FILLES SONT LIBRES; er wankte lädirt im Jungfraujoch; (und
Jule, mitleidig: »Chee=the mort's bite !«. Da mir die basseuse seines mauvais goût nur allzu bekannt war, nahm ich von vornher-
ein nicht an, daß er den ‹Biß des Todes› spüre und darob den
‹Mittler› anriefe. Sah vielmehr, nachdenklich nickschüttelnd, der
taubstummen Begegenseitigung weiter zu.) Bis es Jenem endlich
gelang, ihr das letzte Pröbchen vom Innern eines Bullen zu geben. (‹Nun wird er sich an Gloms & an Pomocheln laben, CA-
NITZ›.) / »Genugnun der Fortunatus=Studien; und des Nim-
mergrüns unsrer Gefuhle ?«; (und trostpreisig zu lächeln suchen:
? Er willichte ein; mit 1 finstren Nikk aus der Zeit, da die Herren noch Punzenzins erhielten, wenn sie darauf verzichteten,
eine Braut im Geburtstagsanzug zu besichtigen. – Also blitzflink
auf Weg=Mitte. Dann, würdig schlendernd, vorbei an dem regie-
renden Bierokraten; der unserer – vom Standpunkt der Übervor-
teilbarkeit mit Recht (: aber was ist das schon für einer !) – nicht
sonderlich achtete: »Neues Ja, Herr Crusius !«.)
    Und gelassen nach rechts davonschreiten. Während es hinter
uns wuniperte; leiser pumperte; und, verhallend, urjahnte :
    : ‹Ja dashá / ben dieMäd / chen sogérr=ne.
    Die imSchtü / pchen & Die / imSa=lóng …)

                                    4
Da die teertonne Nacht gedämpfter hinter uns her rollte; und die
Versimpelung ihren bleyernen Szepter gähnender über die EWG
rekkte, (oh, wie mich snäkkt, wie mich snäkkt !); während uns
links, da wo es nicht bauernhauste, eine 40%ige Mond=Aine immer wieder den Kupferzwickel wies, und der widerlich hohe
‹Galgen›, (angeblich nur zum Trocknen der Feuerwehrschläuche

bestimmt), uns das erste aufrichtige ‹MORITURI› dieses Jahres semaforte, Gratis & Lange – ausgerechnet da mußte der Kerl, mittn unterm Rundumhut, stehen bleiben. Er dachte so angestrengt nach, daß es ihm die Augen verdrehte; cuj'nierte noch einen Moment mit Lippen & Zähnen; und begann dann zu grollen:

: »‹It little profits, that an idle king, / by this still hearth, among these barren crags, / match'd with an aged wife, I mete and dole / unequal laws unto a savage race, / that hoard and sleep and feed and know not me !›. – Übersetz mich, Du ! Und zwar ebenso unverzüglich wie meisterlich; oder … !«. (Und hinter ihm das griechische ‹P›. – Da zog ich doch vor, den Versuch zu unternehmen; und sei's nur zur Übung: laßt Ein'n wieder mal in Gefangenschaft oder sonst'm KZ sein; und'n größnwahnsinnijer Lagerführer hat Appetit uff'n Hofnarren. Also stimrunzelnd; & solök stokkend) – :

: »‹Nur wenig frommt's –›« – (hier nikkte er schon wohlgefällich; ein edel Wort, gelt ?) – »‹daß ich, ein müß'ger Fürst› (geschmeidich verneigen: während er sich erfolglos bemühte, ein Lächeln des Größenwahns zu unterdrücken, gewann ich Zeit) – »‹am stillen Heerd hier, an dem kargen Strand, / bejahrtem Weib gesellt –›« (vorsichtich zu ihm auf=schielen: ? vorn an seinem Haupt kämpfte Unmut ob der genommenen Freiheit, mit dem Ergetzen des kundigen Übersetzers. Das Letztere siegte rasch; zum Zeichen, daß ihn die Mem=Sahib ernstlich geärgert haben mußte. Er bestätigte knapp, obschon etwas drohend. Ich küßte ihm gleich, mentaliter, den Rockschoß, (weil er mich immer noch nicht hatte umbringen lassen); und continuierte in unterwürfijer ekler Begeisterung) : – »‹dem rohen Pack / ein viel zu gutes Recht mit Würde sprech' : / : Das scharrt & schläft & frißt – und kennt mich nicht !›«. (Voll erhabener Verachtung; so daß King Yule das betreffende Gefühl nur mit einem gnädigen Nikken noch zu unterfertigen brauchte: ‹Gegeben auf unserem Lusthause zu Nowosibirsk› ! Er war so voll von sich, daß er ganz leer war.)

: »Sieh ma an –.«, (im inspiriert Weiterwandeln; unsichtbar beschleunigt von pflichtgefühltester Langeweile) – »das wa gar:nich:dumm.«; (und nie sah ein Buchstabenputzer einen Schreibmaschinenöler herablassender an). »Du, jetz' iss's gut, Jule ! Vergiß nicht, daß es gleich in meiner Hand liegt, Dir den Kaffee Royal beliebig zu schwächen.« »Ja sicher, 'ntschuldije,« sagte er reuig; »ich meinte auch nur, daß Du Dein'n Nam'm doch tatsächlich ma vor 'ne Übertragung setzen lassen könntest: willsDu denn gänzlich ungedruckt aus der Welt gehen?«. (Wenn möglich, ja. Während ich uns Eintritt schaffte; und wir dann über Schnee mit Asche dahinmahlten, oh Zimt oh Zucker.)

: »KlopfsDu immer mit den Füßen an ?«; ich, spitz & kalt, (da er sich vermittelst Anschlagen der Schuhkanten an meine Haustür die Sohlen zu reinigen gedachte; er entschuldigte sich nochmals). »Neinein Jule; bleib Du noch'n Augenblick hier. Ich seh bloß ma rasch nach'm Feuer. Bin sofort wieder da.« (» Woß so'ch ?«, hörte ich ihn plump & mufficht hinter mir drein hadern. I Und zögerte doch wieder vorm Ofen, ehe ich nach dem dicken Eichenkloben griff: mir tut's immer leid um Holz. Wenn ich mir das winterliche Birkenmorden der Bauern so vorstellte; allein letzten Monat wieder; da müßt's Gesetze dagegen geben. – Aber um im Schuppen nach Briketts rumzugratschen, war's viel zu finster.) –

: »Woll'n wir doch auch was für's Neue Jahr tun, ja? !«; ich, mit Strenge; wieder vorm Haus. »Gern=gern,« erwiderte er hoffnungsvoll. Und schaute mich dann in mächtiger Enttäuschung an, als ich nur die Streichholzschachtel aus der Manteltasche zog; (ich hatte vor ein paar Tagen in einer Schublade noch 1 altes Bengalisches Hölzchen gefunden, und war doch neugierig). Wir begaben uns damit in Prozession in den ‹Tannenwinkel›; und ich nötigte den Ungehaltenen, im Verein mit mir zuvor einige sinnreiche Vermutungen über die zu erwartende Flammenfarbe anzustellen. Wandte mich noch feierlich, unter leichten verbindlichen Verneigungen, nach den Vierwinden – »Captatio benevolentiae, Gedankenloser: damit se's nich aus pusten !« – und strich dann damit über die Reibfläche –; – ! – ? (nichts; verdammt). »Gib *mir* ma her –«, Jule, dessen Interesse sich doch

auch zu regen begunnte –; – ! – : ! ! ! : nichts. – Bis er auf den Gedanken verfiel, es mit einem normalen Zündholz ‹vorzuwärmen›
–, –: ! »Ahhh !«, des funkelnd=ausgefransten, pechgrünzischen-
den Loches in der Nacht! –

: »VerzeihsDu, HErr, das Flammengaukelspiel ?«. Er leckte
sich zwar noch einmal=ubw die Lippen; schüttelte dann aber,
heftig bestätigend, den Kopf: »Scharmant gemacht! – Mir iss dabei eingefallen: äh=hasDu schon mal darauf geachtet, daß, wenn
Du vom Wekkergewekkt wirst, – meist steh' ich ja von alleine,
und weit früher auf – der, und sei es noch so sanfte, Trillerklang
das jeweilige Traumkontinuum nicht nur akustisch unterbricht –
‹Kuns=schtück› wirsDe murmeln – sondern es auch optisch ab-
reißt? Ich hab' das jetz schon bald 'n Dutzend Mal beobachtet.
Das Prinzip dabei scheint zu sein, daß, ebenso prompt wie anschein'nd zusamm'hanglos, ganz plötzlich schönfarbige &
reichgegliederte Gebilde für kurze Zeit auftreten. Dann geschieht das ‹Erwachen›; und das Betreffende ist bereits verschwunden, während das Wekkerklirren noch anhält.« –: »Gib
am besten ma'n Beispiel, Jule.«

: »In einen ganz schwarzen Raum senkt sich, von oben her, eine
große Tüte. Spitze oben, Öffnung unten – Höhe circa 1 60« kam
er meiner Frage zuvor; dann: »Der Kegel war außen aus einem
schönen kräftigen Lila; und von durchbrochener Arbeit, wie
wenn sehr zahlreiche Ornamente sauber eingeschnitten wären –
Vergleich ein überdimensionaler Federball«, sagte er ungeduldig,
(da sich in meinem zier= & aus bündigen Gesicht anscheinend ein
Frage=Löchelchen aufgetan hatte; ich hatt's gar nich gemerkt) :
»obwohl weit reicher=feiner=geschmackvoller. Innen die Farbe
hell, auf Weiß zu; obschon auch hier ein schwacher Lila=Schim-
mer unverkennbar; wirkte wie angeleuchtet, aber die Licht-
quelle=selbst war nicht zu erblicken. Dies Gebilde also senkt sich
rasch von oben her in den – ebenfalls frisch entstandenen; vorher
war ich ein Bahnhof gewesen – schwarzen Raum herein; und
bleibt wie auf einem unsichtbaren ‹Fußboden› stehen. Ich be-
trachte es erfreut – : und weg.« (Hm; erst ma weiter.)

: »Oder: in einem Traum mit der vorherrschenden Farbe *GRAU* – war es irgendeine Betongroßstadt? – entstand es plötzlich wie eine, ziemlich nahe von schräg=oben, wie von einem Stehenden gesehene, elliptisch=kleine Grasfläche. Das, wie gesagt bis dahin dominierende Grau wich sofort an die Ränder des Gesichtsfeldes und wurde dort belanglos. Das Gras von sehr reicher tief grüner Färbung – viel ‹saftiger, organischer› als die Flamme eben; obgleich ich durch sie daran erinnert wurde – seine schönen wuschelköpfigen Halme ‹lagen› leicht=weich : mir fiel ein, daß es sich ‹schwer mähen› lassen werde !« (Da er freiwillig über sich den Kopf schüttelte, konnte ich die Bewegung einsparen. Er fuhr fort, und zeigte, was er meinte, mit den Händen) : »Und in der Mitte befand sich eine volle kleine Insel aus hochgelben Blumen, ‹Butterblumen›; aber die Köpfe so groß wie beim Löwenzahn. Ihre Anzahl dürfte etwa 20 bis 30 betragen haben. – Auch die Lebensdauer dieses Fänomens sehr kurz.« / – / : »Als eine erste Theorie böte sich mir dar, Jule –« (und verantwortungsbewußt zögern; war ja ganz int'ressant) – »m=daßdas, ja ebenfalls ‹reich gegliederte› Pizzicato des Weckerschnirrens, im Optischen eine parallele, radio=larische Struktur anregen könnte: ‹Nerventriller› in beiden Bereichen, eh ?«. (Obwohl er diesen, wahrlich nicht fernliegenden Einfall, sicher schon selbst gehabt haben würde. Er winkte auch ab. Und gab, sichtlich ‹ernüchtert›, nur noch Stichworte)

: »Einmal eine Lattenkiste, 60 mal 40 ungefähr; die sich, während es Klingelns, mit braunen Brennholzscheiten füllt – ich hab absichtlich genau gemustert; und entsinne mich noch, daß das eine 1 schwarzbraunen Ast=Fleck hatte. / Oder: über naher Schneefläche eine ferne, dunkelgraue Waldborte. Da klingeltz: und schon schiebt sich, von links nach rechts übrigens, ein hellgrauer mannshoher Lattenzaun davor: eine viel gegliederte Sprossenwand also. – : ?«»IMAGO=reif, Jule,« lobte ich; (unangemessen kurz, ich weiß; er hatte mehr verdient. Aber ich war jetzt, nachts um halber Zwei, (und 6 Stunden Register=Ansagen in Aussicht !), zu wenig mehr fähig, es seien denn all=lallische

Proteste der Creatur : gegen Creation & Creator) : »Komm, pa-
scholl, Jule. Was essn. – Und anschließnd wieder druff=uffde
Galeere.«

5

und ein Eierbecher mit einer runzlichten Pellkartoffel darin, eine
bleierne Buddel, ein großes ringförmiges Brot, (ich, als Wirt,
schnitt höflich vor. Und Stehen & Essen.)
    : »Gib ma die Schüssel mit Wieheißtesgleich –«. Nu, ich gab sie
ihm; (aber es waren Steinpilzkonserven, gekocht in Essig & Öl,
mit Muskatnuß, Kanehl & Nägelein, ein Meisterstück meiner
Raumpflegerin !). Er mampfte langsam & traurig, und ließ dabei
den Blick mißmutig hin und wider wandern; von der Eßecke
zum langen Arbeitstisch, hie Schnittenbrettchen aus Limba, dort
vergoldete Libraritäten; (ich hätte meinen Kopf mit den ver-
schrumpften Augen wohl auch am liebsten in eine Aktentasche
gesteckt, und dort der Ruhe gepflogen). *I* Ihm beim Hin= &
Her=Gaffen helfen: hie ein Tütchen Rosinen, (»Nicht für Dich,
Jule : für Amseln & Fasan'n.«), dort das weiße Nicht unbeschrie-
bener Zettel, jaja. Hie ‹THUNFISCH IN ASPIK›, (»Mach die
Büxe ma von untn auf – : ? : !«; denn es war selbstredend wieder
das in den kapitalistischen Ländern übliche: obmdruff 2 Pracht-
scheibm; untn nischt wie Fussln !), dort das zackichte Lineal, neben meinem Denkring (aus 3 ineinandergefügten Ringen beste-
hend; wovon man *I* fallen & dran runterhängen läßt, wenn man
sich einer Sache erinnern will : beträchtlich besser, auch ‹gepfleg-
ter›, als der schlecht=moderne ‹Knoten im Taschentuch›) :
»Nein! Ich verkauf' ihn Dir *nicht*, Jule. Reg Du doch die Forz-
heimer an : laß Dir's vorher patentieren; verdiensDe 'n Heiden-
geld damit. Wenn De dann später in der Kwien Merry vorbei-
braust, kannsDe mir'n falschn Fuffzjer zuwerfn.– Überdem
iss's'n altes Familienerbstück.« schloß ich; (innerlich errötend,
denn die Situation lag ähnlich wie bei MARKTWAIN'S. Jule
zeigte auch nur den Hohnzahn.) / Die Weinflasche? Dahier; (und
den Korken gleich durchs Stanniol gezogen: für's lange Dran-

rumpolken werden 5 Karteizettel fertig !). Die Sauciere krachte, das Kass'rölchen erklirrte unter seiner Hand, (und der Poltron schob's auf die Beleuchtung: »Deine Lampe brennet trübe; tue Öl darein«, bat er unsicher. Ich trug sowieso die rote Robe des Zorns (eine Art Strick=Camisol; der abgerahmte Mensch dagegen ein' Kittel wie'n Kirchenstuhl) : »Bei gut 100 Watt, Du ? ! MöchtesD wohl beim Schein von JUPITER=Lampen eine JUNO genehmigen, heh ? – Was horchsDu ?«. Jule pustete erst in die Mündung der Bierflasche, ehe er daraus trank; erläuterte, daß ihn der kleine röhrenförmige Nebel oben drauf störe: er sei kein Nebl=Trinker; schob sie dann in den Mund, und zeigte damit: –. Dumpf & Lange; (murmelte der Kessel ob der Kochplatte): »Wat sechcht häi ?« : »Daß man die Menschen wegspritzen sollte: die Männer mit 45; die Frauen darfsDu ent=scheiden.« / 1 Rädchen Wurst übrig lassen? ! : »Das fürcht'sich ja, Jule. – Ich tu währenddessen das Brot als solches ins Schapp«; (und grienend damit zur Seite; denn es handelte sich um die Wurstsorte, die er nicht mochte). Er trampelnd Bier nachtrinkend; während ich Rum mit Milch nippte; boshaft das Knakken unserer Knie in den morschen Hosen belauschte, (und der Rülps nach halb verdautem Nachmittagskaffee schmeckte äußerst unangenehm – vielleicht die Strafe für meine Unfairness. »Mann, was'n Krokodilsköder !«, echste er immer noch. Und wir tranken Bier nach: magisches Auge & Sittigzunge; oben LEITZ=Wetzlar unten Hasen=Fuß, in dicken Strümpfen, schamzerpört, die dünnen Waden; Potz Fährde=Schwanz & Rinnt=Bocks : links -3 Komma 3 Quadratmeter Schreibtischplatte, von denen ich Besuchern zu versichern pflegte, daß sie einst dem Fürsten Metternich gedient hätten; rechts ein eingetopfter Baum der Erkenntnis, darauf eine vierjährige Wallnuß, die noch nie ein Mensch aufgekriegt hatte, und weitere nichtversicherte Gerätschaften: ja jetz ne ‹Generals = Wache› ! (wie Wir=Gemeinen im II. nicht=letzten, Weltkrieg für einen guten=festen Schlaf zu sagen uns unterfangen hatten; wenn man nich so Romanticker wär' hätt'man ja längst schwarzmarkabelste Einfälle gehabt !). / Die liebe Neugier hatte sich unterdes ein paar Fingerspitzen verbrüht, und saugte nun röhrend daran: »Schmier Dich ein, Jule, schmier Dich ein.« Da er flinklippig mit der Zungenspitze dran=rum tipfte – : »Miff waff?!« – : »Mann nehme 1 Tropfen Schweiß von der linken Brustspitze einer Konditorsgattin. Rühre denselben an mit dem Staub vom Schnitt eines, seit 99 Erbpachtjahren unbenützten, THESAURUS LOGARITHMORUM ...«. An dieser Stelle verfiel er endlich auf NIVEA : ? : »Im Bad; wie sich's gehört.« Neikte sein Süffelantlitz zur Erde; und schnob, da er cloverz tappte, winterwindig; (vielleicht unter dem Pseudonym ‹PONTUS EUXINUS› : falls man doch ma was schriebe ?) Der rote rauhe Rasenfleck des kleineren Vorlegers.

Und allein im Spukenden Tintenfaß; (während Jener, geil wie ein Galle, die Apparaturen drinnen ununterbrochen mißbrauchte). / CATS : ‹GEDACHTEN OP SLAPLOSE NACHTEN› : neulich der ‹Tunesische Kamelsattel› in Hannover, (‹garantiert 200.000 Meilen in der Sahara zurück- gelegt !›), schonrecht=schonrecht: wenn nur, morgens=links, der Mittelfinger samt den umliegenden nicht schon so korkig=steif gewesen wäre, (die Rechte fing erst ganz leicht an, die Schwurhand; ich hatte wahrscheinlich zuviel damit schwören müssen in meinem Leben, und wer weiß, was den Bonnern in dieser Beziehung noch einfiel. Gleich zum Fenster raus spucken: wie sich der silbrije Dreck da so anderthalb Meter aus Einem entfernte !). – Dem Geräusch nach pißte der Mehralsunbeschnittene bereits das Klo=Becken sauber. (Was das ‹Andere Geschlecht›, die Bidet=Reiterinnen, wohl doch nur mit Mühe vermögen. Dies war mein Locus classicus, wenn Eener mit ‹COOPER keusch !› ankam; da machte ich mir immer den Spaaß, und las ihm die Stelle mit dem eingelegten Merkzeichen vor: ‹Bälle und Gesellschaften sind fürder nicht mehr der Glanzpunkt meines Lebens; es beschränkt sich vielmehr ausschließlich auf die verschwiegenen Räume des Closets, wo die Liebenden die köstlichen Augenblicke zärtlicher Vertraulichkeit genießen› : Überschrift ‹GESTÄNDNISSE EINES SPITZENTASCHENTUCHS›.

Ein Moderner, der vorwärts kommen will, denn wir leben in einem hochkultivierten Rechtsstaat, müßte hier diverse Worte weg=icksen (‹egg=wixrn›) : ach, des GÖttlichn Rechts zu schikanieren! (‹Tyrannen haben Recht, so oft sie sich erhenken›, HAGEDORN.) Und Der rieb sich höchstwahrscheinlich meine NIVEA um den Eichelrand: ‹daß es Dir wohl gedeihe !›. –)

: »Na, Jule ? – Sind wa soweit ?«. / Er rühmte erst noch die ‹herrliche Brille› : dies Sperrholz würde tatsächlich federleicht & immer=dünner ! Ich konterte mit dem Klo=Papier der DDR, das ich neulich=drübm, anläßlich der Silberhochzeit meiner – »Dat wäit wie nu !« schnarchte er überdrüssig: »Die hatten dekoriert, Mensch; weiter nischt.« : »Oh nein, Jule; sowas hasDe noch nich in der Kimme verspürt, Du ! man hätte gleich da sitzn bleibm mögn : süchtich hätt' Eens werdn könn'!«

: »Und jetz hapere nich länger: komm!« –

6

Er schnitt. (Seine Taschenuhr auf dem Tisch war auch eingeschlafen.) Während ich, protestantenden Mundes, darin blätterte ...; ... – : »Du, hör ma : ‹They, in their turn› mit ‹Sie, der Reihe nach› wiederzugeben! Der Kerl, der Übersetzer, verdiente ja, von der Hand eines Quintaners mit einem veralteten WEBSTER totgeschlagen zu werden !«; (er hörte es nicht gern; aber es war so). Und mehr Poly=Glossen, die leeren Räume in unseren Trägheiten zu überbrücken. (Ich griff wieder nach dem Unikum der Farbband=Dose, in der ich, rein zufällig, Mottenkugeln aufbewahrt hatte: flaumweich war der moderne Preßstoff davon geworden! : daß das Kunst=Stoffe derart angreift.)

: ? – (Das nächtliche Surren der Leitungsdrähte nämlich) : »Hab'ich diesen strengen Winter schon mehrfach registriert: Verkürzung der Drähte bei Temperaturen um 20 Grad=Minus. Neulich hab'ich 'ne ganze Nacht nich schlaffn könn'n; weil ich dachte, beim Nachbar hielte'n stehendes Auto, und Der ließ'n Motor laufen: so laut brabblte das. – Heut Mittag kam übrigens die Meldung, daß im Niemandsland zur DDR hin darob so

manche Mine platze: ‹Die Nacht wird kalt, sagte der alte Ru-
dolph !›« –

: ?. –: !. –

: »DIONYSIUS AREOPAGITA, Bischof von Athen;
Zehn=59 -« (und mit der Bleistiftspitze die restliche Seite runter,
die Ganglien in Schnellbahnen verwandelt … / Umblättern: …):
»Jule, laß das bitte !«; (wenn sich eine Briefklammer derart
sperrt, das soll man achten).

(Oder ‹ehren› ? Nee; ehren nich. Aber achtn.)

In der Neujahrsnacht

Seele der Welt, kommst du als Hauch in die Brust des
Menschengeschlechts, und gebierst ewigen Wohllaut?
Große Bilder entstehn, und große
Worte beklemmen das Herz.

Blende mich nicht, willige Kraft, wie ein Traumbild
Blende mich nicht! o und ihr, ziehet umsonst nicht
Meine sorgende Stirn vorüber,
Wandelnde Strahlen des Lichts!

Liebend bisher leitetet ihr, und ich folgte;
Hinter mir ließ ich, was nicht euer Geschenk war:
Jeden irdischen Glanz und jede
Stille des häuslichen Glücks.

Immer nach euch klimmt ich empor, und es rollt mir,
Was ich errang, wie der Kies, unter den Füßen
Weg, ich blicke zurück nicht,
Klimme nur weiter empor.

Irrt ich? Es sei. Aber wie sehr des Verständ'gen
Tadel mich traf, so gewiß (fühl es, o Tadler!)
War ich strenge mir selbst, so weit es
Stürmische Jugend vermag.

Habt ihr umsonst, Sterne, mich nun an der Vorzeit
Reste geführt, und gestählt Augen und Herz mir?
Lehrt mich größere Schritte, lehrt mich
Einen gewaltigen Gang!

Gehet hinfort leuchtender auf, und ein Flämmchen
Wehe von euch, an des Haars Locke sich schmiegend,
Sanft herab und erwärme lieblich
Jeden Gedanken des Haupts!

Das kleine Mädchen mit den Schwefelhölzern

Es war fürchterlich kalt; es schneite und begann dunkler Abend zu werden, es war der letzte Abend im Jahre, Neujahrsabend! In dieser Kälte und in dieser Finsternis ging ein kleines, armes Mädchen mit bloßem Kopfe und nackten Füßen auf der Straße. Sie hatte freilich Pantoffeln gehabt, als sie vom Hause wegging, aber was half das! Es waren sehr große Pantoffeln, ihre Mutter hatte sie zuletzt getragen, so groß waren sie, diese verlor die Kleine, als sie sich beeilte, über die Straße zu gelangen, indem zwei Wagen gewaltig schnell daher jagten. Der eine Pantoffel war nicht wieder zu finden und mit dem andern lief ein Knabe davon, der sagte, er könne ihn als Wiege benutzen, wenn er selbst einmal Kinder bekomme.

Da ging nun das arme Mädchen auf den bloßen, kleinen Füßen, die ganz rot und blau vor Kälte waren. In einer alten Schürze hielt sie eine Menge Schwefelhölzer und ein Bund trug sie in der Hand. Niemand hatte ihr während des ganzen Tages etwas abgekauft, niemand hatte ihr auch nur einen Dreier geschenkt; hungrig und halberfroren schlich sie einher und sah sehr gedrückt aus, die arme Kleine! Die Schneeflocken fielen in ihr langes, gelbes Haar, welches sich schön über den Hals lockte, aber an Pracht dachte sie freilich nicht.

In einem Winkel zwischen zwei Häusern – das eine sprang etwas weiter in die Straße vor, als das andere – da setzte sie sich und kauerte sich zusammen. Die kleinen Füße hatte sie fest angezogen, aber es fror sie noch mehr, und sie wagte nicht nach Hause zu gehen, denn sie hatte ja keine Schwefelhölzer verkauft, nicht einen einzigen Dreier erhalten. Ihr Vater würde sie schlagen, und kalt war es daheim auch, sie hatten nur das Dach gerade über sich und da pfiff der Wind herein, obgleich Stroh und Lappen zwischen die größten Spalten gestopft waren. Ihre kleinen Hände waren vor Kälte fast ganz erstarrt. Ach! Ein Schwefelhölzchen könnte gewiss recht gut tun; wenn sie nur wagen dürfte, eins aus dem Bunde herauszuziehen, es gegen die Wand zu streichen, und die Finger daran zu wärmen. Sie zog eins heraus, »Ritsch!« Wie sprühte es, wie brannte es! Es gab eine warme, helle Flamme, wie ein kleines Licht, als sie die Hand darum hielt, es war ein wunderbares Licht! Es kam dem kleinen Mädchen vor, als sitze sie vor einem großen eisernen Ofen mit Messingfüßen und einem messingenen Aufsatz; das Feuer brannte ganz herrlich darin und wärmte schön! – Die Kleine streckte schon die Füße aus, um auch diese zu wärmen – – da erlosch die Flamme, der Ofen verschwand – sie saß mit einem kleinen Stumpf des ausgebrannten Schwefelholzes in der Hand.

Ein neues wurde angestrichen, es brannte, es leuchtete, und wo der Schein desselben auf die Mauer fiel, wurde diese durchsichtig wie ein Flor. Sie sah gerade in das Zimmer hinein, wo der Tisch mit einem glänzend weißen Tischtuch und mit feinem Porzellan gedeckt stand, und herrlich dampfte eine mit Pflaumen und Äpfeln gefüllte, gebratene Gans darauf! Und was noch prächtiger war, die Gans sprang von der Schüssel herab, watschelte auf dem Fußboden hin mit Gabel und Messer im Rücken, gerade auf das arme Mädchen kam sie zu. Da erlosch das Schwefelholz, und nur die dicke, kalte Mauer war zu sehen.

Sie zündete ein neues an. Da saß sie unter dem schönsten Weihnachtsbaume. Der war noch größer und aufgeputzter als der, welchen sie zu Weihnachten durch die Glastüre bei dem reichen Kaufmanne erblickt hatte. Viel tausend Lichter brannten auf den grünen Zweigen und bunte Bilder, wie die, welche die Ladenfenster schmücken, schauten zu ihr herab. Die Kleine streckte die beiden Hände in die Höh' – da erlosch das Schwefelholz; die vielen Weihnachtslichter stiegen höher und immer höher, nun sah sie, dass es die klaren Sterne am Himmel waren, einer davon fiel herab und machte einen langen Feuerstreifen am Himmel.

»Nun stirbt jemand!« sagte die Kleine, denn ihre alte Großmutter, welche die einzige war, die sie lieb gehabt hatte, die jetzt aber tot war, hatte gesagt: »Wenn ein Stern fällt, so steigt eine Seele zu Gott empor.«

Sie strich wieder ein Schwefelholz gegen die Mauer, es leuchtete ringsumher, und im Glanze desselben stand die alte Großmutter, glänzend, mild und lieblich da.

»Großmutter!« rief die Kleine. »O, nimm mich mit! Ich weiß, dass du auch gehst, wenn das Schwefelholz ausgeht; gleichwie der warme Ofen, der schöne Gänsebraten und der große, herrliche Weihnachtsbaum!« Sie strich eiligst den ganzen Rest der Schwefelhölzer, welche noch im Bunde waren, sie wollte die Großmutter recht festhalten; und die Schwefelhölzer leuchteten mit solchem Glanz, dass es heller war, als am lichten Tage. Die Großmutter war nie so schön, so groß gewesen; sie hob das kleine Mädchen auf ihren Arm, und in Glanz und Freude flogen sie in die Höhe, und da fühlte sie keine Kälte, keinen Hunger, keine Furcht – sie waren bei Gott!

Aber im Winkel am Hause saß in der kalten Morgenstunde das kleine Mädchen mit roten Wangen, mit lächelndem Munde – tot, erfroren am letzten Abend des alten Jahres. Der Neujahrsmorgen ging über die kleine Leiche auf, welche mit Schwefelhölzern da saß, wovon ein Bund fast verbrannt war. Sie hat sich wärmen wollen, sagte man. Niemand wußte, was sie Schönes erblickt hatte, in welchem Glanze sie mit der alten Großmutter zur Neujahrsfreude eingegangen war!

Aus dem Gesellschaftsleben

Das Neujahrsfest

Wie jeder andere Tag beginnt auch der erste Januar am Schluß des vorangehenden Tages, aber er unterscheidet sich eben durch diesen Anfang auch von allen anderen Tagen. Der Anfang fällt in eine sehr fröhliche Festlichkeit, und von der ersten Sekunde seines Daseins an befindet er sich im Kreise aufgeregter, ihn längst ungeduldig erwartender, etwas oder scharf angetrunkener, jedenfalls lustig gestimmter Menschen. Wie bei keinem anderen Tag hat der Leitfaden durch den ersten Januar genau da anzuknüpfen, wo dieser Tag beginnt.

Denn schon in der ersten, ja sogar vor der ersten Sekunde seines Beginns, in welcher zugleich ein beispiellos uferloser Redefluß hereinbricht, treten Gefahren auf, welchen mit großem inneren Behagen nicht ausgewichen zu werden pflegt, denen aber ausgewichen werden muß, wenn man nicht ausgelacht zu werden wünscht. Namentlich ist hierauf der Redner aufmerksam zu machen, der es in der Sylvesternacht nicht lassen kann, es zu sein, obschon er keiner zu sein dreist behaupten dürfte, wenn er eine Spur von Selbsterkenntnis hätte. Er wird nämlich Stilblüten in seine Rede streuen, welche ohne ihre Schuld, aber unrettbar durch Alter und Banalität lächerlich geworden sind und von dem Lächeln, Achselzucken und mitleidigen Kopfschütteln gebildeter Hörer empfangen werden.

Wenn der Redner es irgendwie vermeiden kann, sich lächerlich zu machen, was allerdings sehr große Schwierigkeiten bietet, so nehme er während seiner Rede das Meer der Ewigkeit, in welches das alte Jahr gestiegen ist, nicht in den Mund. Es giebt kein Meer, von welchem wir so wenig wie von dem Meer der Ewigkeit wissen, und keines von den vielen Fluß- und Meeresbetten ist uns so verschlossen, wie das Bett des Meeres der Ewigkeit. Dennoch pflegen sich die Redner hineinzulegen, weil ihnen dies sehr große Bequemlichkeit bietet. Ich muß aber darauf aufmerksam machen, daß das Bett des Meeres der Ewigkeit durch übermäßigen Gebrauch zum allergewöhnlichsten Hausrat der Sylvesterrede herabgesunken ist, und daß ihm daher selbst der Rang eines armseligen Strohsacks in diesem Hausrat streitig gemacht werden muß.

Auch möge der Redner vergessen, daß die Zeit außer anderen Kostbarkeiten einen Zahn, ein Rad und eine Sanduhr hat. Diese Dinge gehören allerdings, seit Reden gehalten werden, zu ihrem Inventar, verführen aber gewöhnlich dazu, daß der Redner sie falsch verwendet, mit einander verwechselt oder falsch mit einander verbindet. Der Redner lasse sie also gänzlich beiseite, wenn er ganz sicher sein will, seine auf der Lauer sitzenden Zuhörer nicht durch ein Zahnrad der Zeit, durch ein Jahr, das wiederum in die Sanduhr hinabstieg oder in den Zahn verschwunden ist, auf das Angenehmste zu unterhalten. Auch durch das Rad der Zeit wird viel Unglück herbeigeführt. Der eine behauptet, es benage alles, was geschaffen ist, der andere, daß es unbarmherzig das Jahr hinmäht.

Das Hinmähen ist Sache der Sense des Saturn, nicht des Rades, welches im Gegenteil die Aufgabe hat, dahinzurollen und sich nicht in die Speichen greifen zu lassen. Der Redner, der etwas auf sich hält, vermeide also die Sense, wie er, während er spricht, auch nicht daran denken wird, mit einem anderen scharfen Instrument umherzufuchteln.

Man versuche auch, wenn es irgendwie geht, den Blick, welchen manche Redner so gerne in die Vergangenheit zurückwerfen, zu bändigen. Dieses Zurückwerfen hat immer seine Gefahren. Weder sind die politischen Ereignisse, noch ist ein großer Bankkrach zu vermeiden. Jene sind bekanntlich noch nicht zu einem Abschluß gelangt, und über schlimme Börsenereignisse sollte nicht gesprochen werden, weil sich doch Bankdirektoren, Verwaltungsräte und andere Würdenträger der Finanz in der Gesellschaft befinden könnten, ja, sich bestimmt befinden und leicht zu verstimmen sind. Man darf nicht vergessen, daß solche

Herren immer in der besten Gesellschaft verkehren, obschon ihr Kopf unter der Last der Butter sich zu beugen pflegt.

Nach dieser kleinen Abschweifung kehren wir in den Sylvesterkreis zurück. Hat man einen solchen um sich versammelt, so lasse man den Wunsch so zeitig erscheinen, daß die Festversammlung dem Moment der Mitternacht ziemlich gleichgültig gegenübersitzt. Denn wahrhaft grauenvoll ist es, wenn die Gesellschaft während der halben Stunde vor Mitternacht nichts Amüsanteres zu thun weiß, als auf den ersten der zwölf Glockenschläge zu lauschen, um pünktlich Prost Neujahr! schreien zu können. Ein aus solchen Ödlingen zusammengesetzter Kreis pflegt auch keiner Taschenuhr und keiner Pendule zu trauen, sondern die Fenster zu öffnen, damit der besagte Glockenschlag der Mitternacht ohne irgend einen Aufenthalt in die Wohnung zu dringen vermöge. Diese Sorgfalt ist die Mutter einer großen Reihe von kräftigen Hexenschüssen, Schnupfen, Halsentzündungen und rheumatischen Schmerzen, welche dem Menschen nicht weniger Vergnügen bereiten, wenn sie erst im Laufe des neuen Jahres und nicht gleich am ersten Tage desselben sich einstellen.

Die zum Jahreswechsel lautwerdenden Glückwünsche haben die hervorragend erfreuliche Eigenschaft, daß sie nicht zu schaden vermögen. Nicht etwa, weil sie nicht aufrichtig herzlich gemeint sind. Es giebt Glückwünsche, welche aufrichtig herzlich gemeint sind. Aber wer im Laufe des Jahres Pech oder gar Unglück gehabt hat und sich der vielen Glückwünsche, die er zum Beginn des Jahres mündlich, schriftlich und telegraphisch erhielt, erinnert, könnte leicht annehmen, daß diese Glückwünsche Pech oder gar Unglück verschuldeten. Das ist aber ungerecht. Die Glückwünsche sind absolut unschuldig. Sie haben zwar noch kein Pech oder Unglück verhindert, vertagt oder gemildert, aber auch noch keines herbeigeführt. Sie sind entweder inhaltlose Redensarten, oder, wenn gedruckt, geschrieben oder telegraphiert, eine Hebung der Buntpapierfabrikation und des Post- und Telegraphenetats.

Wenn man an der Gleichgültigkeit der Neujahrsglückwünsche zweifelt, so warte man ruhig die ersten Tage des neuen Jahres ab. Schon am ersten Tage wird man in der empörendsten Weise eines Schlechteren belehrt werden. Denn unter zehn Besuchern werden ebenso viele mit geöffneter Hand gratulieren, und in den nächsten Tagen werden sich ihnen die Jahresrechnungen mit der Versicherung der Absender, sie rechneten auf sofortige Regulierung, anschließen.

Für den merkwürdigen Fall, daß man der Meinung sein sollte, man habe noch nicht genug Feinde, leiste man zur Ablösung der Neujahrskarten eine Zahlung für einen milden Zweck. Der Philister wird hiervon sicher keine Notiz nehmen und es demjenigen, der sich nicht bei ihm für seinen Neujahrswunsch bedankt, niemals vergessen.

Ist man regelmäßiger Besucher eines Kurortes, und erhält man von dem Wirt des Hotels oder des Hauses, in welchem man dort zu wohnen pflegt, einen Glückwunsch, so will dieser sagen: »Gott erhalte Ihnen in seiner unendlichen Güte das Leiden, das Sie alljährlich zu mir führt, auf daß ich wieder für mindestens vier Wochen einen Mieter habe. Amen!«

Trifft man einen befreundeten Arzt, welcher der ganzen Familie das beste Wohlsein im neuen Jahre wünscht, so ist dies nicht der Hausarzt, vielleicht aber dessen Feind.

Wünscht ein Hausfreund Glück, so meint er in den meisten Fällen sein eigenes.

Ist man Theaterdirektor und wird von einem Bühnendichter beglückwünscht, so fürchte man das Gegenteil: die Einreichung eines Dramas in Jamben. Ist man aber der Autor dieses Dramas und wird von einem Theaterdirektor beglückwünscht, so meint dieser das Glück, das man bei einem anderen Theaterdirektor haben möge.

Der Erbonkel und die Erbtante, denen zum Neujahr Glück gewünscht wird, dürfen überzeugt sein, daß sie den Gratulanten noch nicht genug gespart haben.

Wird man vom Hauswirt beglückwünscht, so antworte man

mit Klagen über den schlechten Geschäftsgang, denn er beab-
sichtigt, die Miete zu steigern. Helfen werden aber die Klagen
nicht.

Ludwig Thoma

Neujahr bei Pastors

Mama schöpft aus dem Punschgefäße,
Der Vater lüftet das Gesäße
Und spricht: »Jetzt sind es vier Minuten
Nur mehr bis zwölfe, meine Guten.

Ich weiß, dass ihr mit mir empfindet,
Wie dieses alte Jahr entschwindet,
Und dass ihr Gott in seinen Werken
– Mama, den Punsch noch was verstärken! –

Und dass ihr Gott von Herzen danket,
Auch in der Liebe nimmer wanket,
Weil alles, was uns widerfahren
– Mama, nicht mit dem Arrak sparen! –

Weil, was geschah, und was geschehen,
Ob wir es freilich nicht verstehen,
Doch weise war, durch seine Gnade
– Mama, er schmeckt noch immer fade! –

In diesem Sinne meine Guten,
Es sind jetzt bloß mehr zwei Minuten,
In diesem gläubig frommen Sinne
– Gieß noch mal Rum in die Terrine! –

Wir bitten Gott, dass er uns helfe
Auch ferner – Wie? Es schlägt schon zwölfe?
Dann prosit! Prost an allen Tischen!
Ich will den Punsch mal selber mischen.«

Anton Reiser

Aber dies war es, was ihn immer wieder niederschlug, die Meinung der Menschen von ihm, welche er mit Gewalt nicht umändern konnte, und die doch ohnerachtet aller seiner Bestrebungen, ein beßrer Mensch zu werden, sich nicht ganz wieder zu seinem Vorteil lenken wollte – er schien es nun einmal zu sehr verdorben und zu sehr die Erwartung aller von ihm getäuscht zu haben, als daß er sich je die vorige Achtung und Liebe der Menschen hätte wieder erwerben können. –

Insbesondre war ein Verdacht auf ihn gefallen, der ihn sehr unverdienterweise traf – dies war der Verdacht der Lüderlichkeit, weil er bei einem so lüderlichen Menschen, wie G ... war, gewohnt hatte. – Reiser war so weit hievon entfernt, daß ihm drei Jahre nachher, da er zufälligerweise ein anatomisches Buch zu sehen bekam, über gewisse Dinge ein Licht aufging, wovon damals seine Begriffe noch sehr dunkel und verworren waren.

Sein Lesen aber bei dem Bücherantiquarius und sein Komödiengehn wurde ihm am schlimmsten ausgeleget und immer noch für ein unverzeihliches Vergehen gehalten. –

Nun fügte es sich gerade, daß eine Gesellschaft Luftspringer nach Hannover kam, und weil ein Platz nur eine Kleinigkeit kostete, so ging er einen einzigen Abend hin, um diese halsbrechenden Künste mit anzusehen – man hatte ihn erblickt – und weil dies nun auch eine Art von Komödie war, so hieß es, sein alter Hang sei nun wieder erwacht, und es gehe kein Abend hin, daß er nicht den Schauplatz bei den Luftspringern besuchte; da trüge er nun wieder sein Geld hin – man sehe hieraus schon, daß doch nun nichts aus ihm werden würde. –

Seine Stimme war viel zu ohnmächtig, um sich gegen die Aussage derer zu erheben, die ihn alle Abend bei den Luftspringern wollten gesehen haben – kurz, der einzige Abend, an welchem er hierher ging, brachte ihn wieder weiter in der Meinung der Menschen zurück, als ihn sein ganzer bisheriger Fleiß und regelmäßiges Betragen darin hatte vorwärts bringen können. –

Hiezu kamen nun noch einige Sachen, die ihn sehr niederschlugen. Das Neujahr kam wieder heran, und er freute sich schon darauf, daß er nun bei dem Aufzug mit Fackeln und Musik doch wieder die Vorrechte seines Standes genießen, in Reihe und Glied mit den übrigen gehen und auch nun nicht mehr, wie das vorigemal, einer der letzten in der Ordnung sein würde. –

Um nun aber die Fackel und seinen Anteil zur Musik und sonstigen Kosten bezahlen zu können, wartete er nur auf die Austeilung des Chorgeldes, das er sich mit saurer Mühe im Frost und Regen hatte ersingen müssen, und indem er nun zum Direktor kam, um es in Empfang zu nehmen, war es dem Konrektor eingefallen, für die Privatstunden, die Reiser in Sekunda bei ihm gehabt und nicht bezahlt hatte, Beschlag darauf zu legen. – Reiser ging zu dem Konrektor hin und bat ihn flehentlich, ihm nur die Hälfte von dem Chorgelde zu lassen; allein dieser war unerbittlich; und da Reiser wieder zum Direktor kam, so machte ihm auch der die bittersten Vorwürfe, daß er aufs neue in der Komödie bei den Luftspringern gewesen wäre und sich sogar auf dem Markte vor der Schule Honig und Brot gekauft und das auf der Straße gegessen habe. – Eine Sache, die Reiser für sehr etwas Unschuldiges und auch nicht für erniedrigend hielt, die ihm aber jetzt als die größte Niederträchtigkeit ausgelegt wurde, und worüber ihn der Direktor einen schlechten Buben schalt, der weder Ehre noch Scham hatte, und mit dem er sich nicht weiter befassen wollte. –

Nicht leicht war Reiser wohl in seinem ganzen Leben trauriger und niedergeschlagener gewesen, als da er jetzt vom Direktor zu Hause ging. Er achtete Wind und Schneegestöber nicht, sondern irrte wohl anderthalb Stunden auf dem Wall und in der Stadt umher und überließ sich seinem Gram und seinen lauten Klagen. –

Denn alles war ihm nun auf einmal fehlgeschlagen; sein Bestreben, sich bei dem Direktor durch sein Betragen wieder in Gunst zu setzen; seine Hoffnung, ein gutes Chorgeld zu erhalten, welches ohnedem zu Neujahr immer am beträchtlichsten zu sein pflegte; und sein sehnlicher Wunsch, am morgenden Tage dem Aufzuge mit Fackeln und Musik beizuwohnen und dort öffentlich mit in Reihe und Gliede zu gehn. –

Was ihn aber am meisten schmerzte, war doch im Grunde das letzte – und dies war sehr natürlich; denn durch seine Teilnehmung an dem Aufzuge fühlte er sich gleichsam in alle Rechte seines Standes, die ihm so sehr verleidet waren, wieder eingesetzt – davon ausgeschlossen zu bleiben, deuchte ihm eine der größten Widerwärtigkeiten, die ihm nur begegnen konnte. – Das war auch die Ursach, weswegen er den Konrektor um Erlassung der Hälfte von dem Chorgelde so flehentlich gebeten hatte, welches zu tun er sich sonst nie würde erniedrigt haben.

Alle sein Sinnen und Denken, Geld zu bekommen, half nichts; er konnte sich keine Fackel kaufen und mußte den folgenden Abend, während daß alle seine Mitschüler im glänzenden Pomp unter einer Menge von Zuschauern über die Straße zogen, traurig an seinem Klavier zu Hause sitzen – er suchte sich zu trösten, so gut er konnte; aber da er von fern die Musik hörte, so tat dies eine sonderbare Wirkung auf sein Gemüt – er dachte sich lebhaft den Glanz der Fackeln, die Menge der Zuschauer, das Getümmel und seine Mitschüler als die Hauptpersonen dieses prachtvollen Schauspiels – und sich nun ausgeschlossen, einsam und von aller Welt verlassen – dies versetzte ihn in eine Wehmut, die derjenigen völlig ähnlich war, da seine Eltern ihn oben auf der Stube allein gelassen hatten, während daß sie unten bei dem Wirt bei einer Gasterei waren, von welcher das frohe Gelächter und Klingen mit den Gläsern zu ihm hinauf erschallte, und er sich da auch so einsam und von aller Welt verlassen fühlte und sich aus den Liedern der Madam Guion tröstete. –

Dergleichen Vorfälle drängten ihn dann immer wieder aus der Welt in die Einsamkeit – er war nicht vergnügter, als wenn er allein bei seinem Klavier sitzen und für sich lesen und arbeiten konnte – und wünschte nichts sehnlicher, als daß es bald Sommer sein möchte, um auf dem Boden, wo sein Bette stand, den ganzen Tag allein zubringen zu können

LEW TOLSTOJ

Silvesterball

Am 31. Dezember, dem Silvesterabend vor Beginn des Jahres 1810, fand bei einem der Großen aus der Zeit der Kaiserin Katharina ein Ball statt. Zu diesem Ball war auch das ganze diplomatische Korps eingeladen, und auch der Kaiser hatte sein Erscheinen zugesagt.

Auf dem Englischen Kai erstrahlte das berühmte Haus des Großwürdenträgers vom Schein unzähliger Lichter. An dem hellerleuchteten Portal war der Fußboden mit rotem Tuch belegt. Dort an der Auffahrt stand Polizei, nicht nur gewöhnliche Gendarmen, sondern der Polizeimeister selbst und ein Dutzend Polizeioffiziere.

Sowie eine Equipage wegfuhr, folgte auch schon wieder eine neue, mit Lakaien in roten Livreen und Federhüten. Aus den Equipagen stiegen Männer in Uniformen, mit Ordenssternen und Ordensbändern; Damen in Atlas und Hermelin stiegen vorsichtig über die geräuschvoll herabgeschlagenen Wagentritte hinab und schritten eilig und lautlos über das Tuch in das Portal hinein.

Fast jedesmal, wenn eine neue Equipage vorfuhr, lief ein Flüstern durch die Menge, und alle nahmen die Mützen ab.

»Der Kaiser …? Nein, ein Minister … ein Prinz … ein Gesandter … Siehst du wohl den Federbusch?« hieß es im Schwarm der Zuschauer.

Einer aus der Menge, der besser gekleidet war als die andern, schien alle Anfahrenden zu kennen und nannte den übrigen die Namen der vornehmsten Großen jener Zeit.

Schon hatte sich der dritte Teil der Gäste zu diesem Ball eingefunden; aber bei Rostows, die ebenfalls eingeladen waren und den Ball besuchen wollten, waren die Damen noch in größter Eile dabei, sich anzukleiden.

Um dieses Balles willen hatten in der Familie Rostow viele Erörterungen stattgefunden, und viele Vorbereitungen waren getroffen worden, und viele Befürchtungen hatten Unruhe erregt: würden sie auch eine Einladung erhalten, und würden die Kleider rechtzeitig fertig werden, und würde an diesen auch alles nach Wunsch ausgefallen sein?

Mit Rostows zusammen sollte Marja Ignatjewna Peronskaja auf den Ball fahren, eine Freundin und Verwandte der Gräfin, eine hagere, gelbliche Hofdame des alten Hofes, die den Provinzlern Rostow in den höchsten Petersburger Gesellschaftskreisen als Führerin und Ratgeberin diente.

Um zehn Uhr abends sollten Rostows die Hofdame vom Taurischen Garten abholen; aber jetzt waren es schon fünf Minuten vor zehn, und die jungen Mädchen waren noch nicht angekleidet.

Es war der erste große Ball, den Natascha in ihrem Leben besuchte. Sie war an diesem Tag um acht Uhr morgens aufgestanden und hatte sich den ganzen Tag über in fieberhafter Unruhe und Tätigkeit befunden. Alle ihre Kräfte waren vom frühen Morgen an darauf gerichtet gewesen, daß sie alle drei, sie selbst und die Mama und Sonja, auch wirklich recht schön gekleidet wären. Sonja und die Gräfin hatten sich in dieser Hinsicht völlig in Nataschas Hände gegeben. Die Gräfin sollte ein dunkelrotes Samtkleid tragen und die beiden jungen Mädchen weiße Kreppkleider über rosaseidenen Unterkleidern, mit Rosen am Mieder. Die Haare sollten à la grecque frisiert sein.

Alles Wesentliche war bereits getan: Füße, Arme, Hals und Ohren waren schon mit besonderer Sorgfalt ballmäßig gewaschen, parfümiert und gepudert; die durchbrochenen seidenen Strümpfe und die weißen Atlasschuhe mit den Bandschleifen waren schon angezogen, die Frisuren fast fertig. Sonja brachte an ihrem Anzug nur noch die letzten Kleinigkeiten in Ordnung, die Gräfin ebenfalls; aber Natascha, die sich mit allen geschäftig abgemüht hatte, war noch weit zurück. Sie saß noch, mit dem Frisiermantel um die mageren Schultern, vor dem Spiegel. Sonja stand, schon angekleidet, mitten im Zimmer und steckte, mit ihrem feinen Finger so stark zudrückend, daß er ihr weh tat, das unter der Stecknadel knirschende letzte Band fest.

»Nicht so, nicht so, Sonja!« rief Natascha; sie drehte dabei den Kopf, der gerade frisiert wurde, und griff sich dann mit den Händen nach den Haaren, da das Stubenmädchen, das diese festhielt, sie nicht so schnell hatte loslassen können. »Nicht so die Schleife; komm mal her!«

Sonja kauerte sich vor ihr nieder. Natascha steckte ihr das Band anders.

»Verzeihen Sie, gnädiges Fräulein, aber so kann ich Sie wirklich nicht frisieren«, sagte das Stubenmädchen, das Nataschas Haar in den Händen hatte.

»Ach, mein Gott, gleich, gleich! Siehst du, so, Sonja!«

»Seid ihr bald soweit?« fragte die Gräfin vom Nebenzimmer aus. »Es ist gleich zehn.«

»Im Augenblick! Sind Sie denn fertig, Mama?«

»Ich habe mir nur noch die Toque anzustecken.«

»Tun Sie es ja nicht ohne mich!« rief Natascha. »Sie verstehen das nicht ordentlich.«

»Aber es ist schon zehn Uhr.«

Sie hatten gerechnet, daß sie um halb elf auf dem Ball sein wollten, und nun mußte Natascha sich erst noch anziehen, und dann mußten sie noch nach dem Taurischen Garten fahren.

Sowie die Frisur fertig war, lief Natascha im kurzen Unterkleid, unter dem die Ballschuhe zu sehen waren, und in einer Nachtjacke, die ihrer Mutter gehörte, zu Sonja hin, musterte sie von allen Seiten und eilte dann zur Mutter. Indem sie ihr den Kopf hin und her drehte, steckte sie ihr die Toque fest; sie ließ sich kaum Zeit, ihr einen Kuß auf das graue Haar zu drücken, und lief wieder zu den Stubenmädchen hin, die ihr den Rock des Kreppkleides kürzer nähten.

Denn es war noch ein Hemmnis zu beseitigen: Nataschas Kleiderrock war zu lang. Zwei Mädchen waren damit beschäftigt, ihn kürzer zu nähen, wobei sie eilig die Fäden abbissen. Eine dritte, mit Stecknadeln zwischen den Lippen und Zähnen, kam aus dem Zimmer der Gräfin zu der mithelfenden Sonja gelaufen; die vierte hielt das Kreppkleid, an dem genäht wurde, in der hochgehobenen Hand.

»Mawruscha, bitte, recht schnell, Liebe, Gute!«

»Reichen Sie mir von da den Fingerhut, gnädiges Fräulein!«

»Na, seid ihr endlich soweit?« fragte der Graf hinter der angelehnten Tür. »Was habt ihr aber für schönes Parfüm! Die Peronskaja wartet gewiß schon ungeduldig.«

»Fertig, gnädiges Fräulein«, sagte das eine Stubenmädchen, hob das verkürzte Kreppkleid mit zwei Fingern in die Höhe, indem sie dagegen blies und es schüttelte, wie wenn sie dadurch ihre Freude über die Duftigkeit und Sauberkeit dessen, was sie da hielt, zum Ausdruck bringen wollte.

Natascha machte sich daran, das Kleid anzuziehen.

»Gleich, gleich! Komm jetzt nicht herein, Papa!« rief sie, noch unter dem Krepprock hervor, der ihr Gesicht verdeckte, dem Vater zu, der im Begriff war, die Tür zu öffnen.

Sonja schlug die Tür zu. Eine Minute darauf wurde der Graf hereingelassen. Er war in blauem Frack, Kniestrümpfen und Schuhen, parfümiert und pomadisiert.

»Ach, Papa, wie hübsch du aussiehst! Ganz entzückend!« rief Natascha, die mitten im Zimmer stand und die Falten des Kreppkleides ordnete.

»Erlauben Sie, gnädiges Fräulein, erlauben Sie!« sagte eines der Stubenmädchen, das neben Natascha kniete, das Kleid zurechtzupfte und die Stecknadeln mit der Zunge von einer Seite des Mundes nach der anderen schob.

»Nimm's mir nicht übel!« rief Sonja ganz verzweifelt, indem sie Nataschas Kleid betrachtete, »nimm's mir nicht übel, aber es ist noch zu lang!«

Natascha trat etwas weiter zurück, um sich im Trumeau sehen zu können. Das Kleid war zu lang.

»Bei Gott, gnädiges Fräulein, es ist nicht zu lang«, beteuerte Mawruscha, die auf dem Fußboden hinter Natascha herrutschte.

»Nun, wenn es zu lang ist, nähen wir es noch weiter um; damit sind wir in einer Minute fertig«, sagte die resolute Dunjascha, zog eine Nähnadel aus ihrem Brusttuch und machte sich von neuem auf dem Fußboden an die Arbeit.

In diesem Augenblick trat, in Samtkleid und Toque, mit leisen Schritten, wie verschämt, die Gräfin ins Zimmer.

»Ei, ei! Meine schöne Frau!« rief der Graf. »Sie ist schöner als ihr alle zusammen!« Er wollte sie umarmen; aber sie trat errötend zurück, um sich nichts zerdrücken zu lassen.

»Mama, die Toque muß mehr seitwärts sitzen!« rief Natascha. »Ich werde sie Ihnen zurechtstecken.« Mit diesen Worten lief sie vorwärts auf die Mutter zu; aber die Mädchen, die das Kleid verkürzten, konnten ihr nicht so schnell nachkommen, und es riß ein Stückchen Krepp ab.

»O mein Gott!« rief Natascha erschrocken. »Was war das? Ich kann wahrhaftig nichts dafür ...«

»Das tut nichts«, tröstete Dunjascha. »Ich nähe es wieder an; dann sieht es kein Mensch.«

»Ach, wie wunderschön! Mein Prachtkind!« sagte von der Tür aus die eintretende Kinderfrau. »Und unsere liebe Sonja! Nun, das sind einmal zwei allerliebste junge Damen ...!«

Um ein Viertel auf elf setzten sich endlich alle in die beiden Equipagen und fuhren fort. Aber sie mußten noch nach dem Taurischen Garten fahren.

Fräulein Peronskaja war schon bereit. Trotz ihres Alters und ihrer Häßlichkeit hatte sie dieselben Zurüstungen mit sich vorgenommen wie die Rostowschen Damen, wiewohl nicht mit solcher Unruhe und Hast (für sie war ein solcher Ball etwas Gewöhnliches); aber sie hatte ihren alten, unschönen Körper ebenso gewaschen, parfümiert und gepudert und sich ebenso sorgsam hinter den Ohren gesäubert; ja es hatte sogar, ganz ebenso wie bei Rostows, die bejahrte Kammerfrau voll Entzükken die Toilette der alten Hofdame bewundert, als diese im gelben Kleid, mit dem Namenszug der Kaiserin als Abzeichen ihrer Stellung, in den Salon getreten war.

Fräulein Peronskaja lobte die Toiletten der Rostowschen Damen. Die Rostowschen Damen ihrerseits lobten den auserlesenen Geschmack und die Eleganz der Toilette der Hofdame, und sorgfältig darauf bedacht, ihre Frisuren und Kleider nicht zu verderben, nahmen sie endlich alle um elf Uhr ihre Plätze in den Equipagen ein und fuhren zum Ball.

E. T. A. Hoffmann

An Theodor Gottlieb von Hippel

Berlin d. 31t Dezember 1798

Mein Theuerster Freund!

Eben komme ich aus einer Gesellschaft, die mir so viel Langeweile verursacht hat, daß ich gern schon zwey Stunden früher geflohen wäre – Es ist ein gutes Zeichen – eine Weissagung des Wiedersehns in den Tagen des kommenden Jahres, daß mir Dein Brief in die Hände fällt noch in den lezten Zuckungen des Jahrs 1798 – denn eben schlagen alle Uhren zwölfe – So viel Wünsche – Hoffnungen – Aussichten – drängen sich zusammen – ich habe so viel zu bereuen – so viel unzuzurechnende Verschuldungen auszusöhnen – daß selbst der Traum meiner Kindheit – ein seeliger, beglückender Schatten aus Elisium – mich kaum mehr so glücklich macht, als nur noch voriges Jahr – Auf die zwölfte Stunde der NeujahrsNacht habe ich immer viel gehalten – immer weckte mich da die sanfte Musik von Clarinetten und Hörnern auf dem Schloßthurme – ich glaubte kindisch fantasirend – silberne Engel trügen jezt das neue Jahr einem Sterne gleich am blauen Himmel vorbey – aber ich hatte nicht Muth aufzustehn und zu sehn – ihren Flug hörte ich in jener für mich damahls himmlischen Musik. – Du glaubst nicht, wie unbeschreiblich weich mich solche Erinnerungen machen – Ohne jenes Alter der Unbehülflichkeit – der Irrthümer zurükzuwünschen, liebt man dessen fromme Träume –

Freiheitsgesänge,
vaterländische Gedanken
und andere Politika

Anrede an die Gesellschaft
der Freunde der Freiheit und Gleichheit
am Neujahrstage 1793

Mitbürger, Brüder, Freunde der Freiheit und Gleichheit!

Die willkührlichen Zeitabschnitte des Kalenders sind Erfindungen des menschlichen Geistes, die blos auf seine beschränkte Art zu sein und zu empfinden eine Beziehung haben; an und für sich sind sie nichts; das Jahr, die Umlaufszeit der Erde um die Sonne, könnte eben sowohl vom 20. März, oder von jedem andern Tage, und bei uns freien Republikanern, vom Geburtstage der Republik, vom 10. August anfangen. Allein eben das gleichgiltige dieser Abtheilungen erlaubt es uns auch, hier dem Geseze der Gewohnheit zu folgen und so wie sich alle Völker Europens bequemt haben, die neue Zeitrechnung des verbesserten Kalenders anzunehmen, jezt bei der Eintheilungsart desselben, weil sie gerade den allgemeinen Gebrauch für sich hat, stehen zu bleiben. – Der frohen Tage in dieser trüben, kalten, kargen Jahrszeit sind so viele nicht, daß wir nicht mit Dank die Gelegenheit wahrnehmen sollten, sie durch Beobachtung des heitern Neujahrsfestes zu vermehren. – Am Neujahrstage scheint es uns, als giengen wir aus einem alten Leben in ein neues über; er ist uns ein Vorbild einer noch größern Veränderung; der alte Kreis ist geschlossen, ein neuer beginnt; die Leiden und Freuden des verflossenen Jahres sind überstanden, ein dunkles Gefühl von Erwartungen und Hofnungen füllt unsere Brust mit neuer Spannkraft; stärker, muthiger, ausdaurender stehen wir als rüstige Wettläufer da, am Anfange einer neuen Bahn, da wir gestern noch lechzend, ermattet, hinsinkend und erschöpft das Ziel der alten erreichten. Wir eilen der wärmern Sonne den längeren Tagen, dem blühenden Frühlinge, der grünen Saat entgegen, wir blicken freudiger in eine Zukunft, die uns das unwandelbare Gesez der Natur ver-

spricht, wir harren mit Zuversicht der Wiederkehr jenes alljähr-
lichen Wunders, womit die fruchtbare Erde ihre Bewohner nährt
und beglückt, jener nie ausbleibenden Kraft, die den Halm em-
portreibt und die goldenen Ähren reift. – Diese frohen Betrachtungen, diese heitern Gefühle heiligten von jeher den Neujahrstag; er war unsern Vätern ein Tag des Genusses und ins
besondere die Franken hielten ihn so ganz der reinen Freude ge-
widmet, daß sie jeden Mißton, und alle unfreundliche Gedanken
von dem selben zu verbannen suchten. Der Neujahrstag war ihnen und ist ihnen noch ein Tag der Versöhnung; in Familien, wo
Unwillen, Zwietracht und Haß geherrscht hatten, erlosch das
Andenken an alle vergangene Streitigkeiten; erlosch jede Regung
von feindseliger Leidenschaft, erglühte dafür die schöne spie-
lende Flamme der brüderlichen Eintracht, und schlug in ihrem
heiligen Tempel, im Busen des Menschen, hoch empor!

Wir auch, meine Brüder, auch wir wollen diesen Tag nach alter
Frankensitte begehen. Zwar erschallte hier noch nie die Stimme
der Furie Zwietracht; zwar entgiengen wir bis jezt noch ihrem
Geisselhiebe; allein wir waren auch nur ein kleines Häuflein, an
welchem der große Haufe unserer Mitbürger, wohl nur mit einem ahndungsvollen Schauer vorüber gieng; wir fühlten also un-
willkührlich, daß brüderliche Eintracht unsere einzige Stärke sei.
Dennoch erlebten wir schon Augenblicke der Trennung; schwache Brüder, oder auch falsche Brüder, wandten uns den Rücken,
sobald nur von fern eine Gefahr sich blicken ließ, entzogen sich
unsern Versammlungen, strichen ihre Namen aus unserm Buche,
und hoften durch ihr verführerisches Beispiel der Gesellschaft
den Todesstoß der Auflösung zu versetzen. Muß ich nicht auch
hinzufügen, Männer von allzu reizbarer Seele, von allzu emp-
findlichem Charakter, die sich an den freimüthigen, oft rauhen
Widerspruch des Republikaners hier nicht gewöhnen konnten,
fühlten sich zuweilen beleidigt, wenn ihre Meinung, sei es, daß
sie wirklich die unrechte war, oder daß sie ihre Gründe dafür
nicht gehörig aus einander sezten, oder daß ihre Bescheidenheit
der Dreistigkeit anderer wich, die Oberhand nicht behaupten

konnte. Auch diese, dem republikanischen Geiste nicht entsprechende Empfindlichkeit entzog uns schon die Mitwirkung manches sonst gutgesinnten Freundes.

Wenn aber auch die Vergangenheit für uns in unsern neuen Verhältnissen ziemlich friedsam verfloß, so lasset uns, meine Brüder, nicht uns selbst über die Zukunft täuschen, nicht mit leeren Hofnungen uns wiegen, und aus Mangel an kluger Vorausberechnung wahrscheinlicher Eräugnisse, unvermuthet durch eine erschütternde Wirklichkeit überrascht werden. Es giebt in jedem neuen Staate, der aus der Knechtschaft wiedergeboren, zur Freiheit übergeht, unvermeidliche Collisionen des Eigennutzes, welche um so weniger dem allgemeinen Wohl nachstehen wollen, als die unlautern Triebfedern streitender Faktionen nicht immer verdeckt werden können, und die strenge Moralität des Republikaners in ihrer erhabenen Größe erst von der künftigen Generation zu hoffen sein wird. Oft sind auch die Gründe auf beiden Seiten so verwickelt, oft ist über die Nothwendigkeit dieser oder jener Maasregel so schwer zu entscheiden, oft wankt das Urtheil selbst des scharfsinnigen Denkers so lange zwischen entgegen gesezten Meinungen, indessen der heftige und vielleicht nicht so weit sehende Mann sich rasch auf eine Seite schlägt, an die Spitze der Partei stellt, und mit leidenschaftlicher Erbitterung die Stimme der Vernunft übertäubt, – daß bei einigem Widerstande der Gegenpartei, eine gefährliche Scheidung nicht vermeidlich ist.

Brüder! Ihr saht schon oft die große Versammlung der Stellvertreter des Frankenvolks in Factionen und Parteien getheilt; Ihr saht die Gesellschaften der Konstitutionsfreunde sich trennen, und die Partei der Feuillants sich aus ihrem Schoos entfernen; Ihr seht noch jezt, zwischen Brissot und Robespierre, zwischen Roland und Egalite die Schale schweben, und das Ungewitter selbst die Häupter unserer Brüder, theils positiv, theils negativ elektrisiren. Freilich wuchsen auch nach dem Verluste ihrer meisten Mitglieder, die ihren Grundsätzen getreu gebliebenen Gesellschaften bald wieder zu ihrer vorigen Stärke heran; freilich gereichten diese harten Prüfungen und Läuterungen nur dazu, ihre Standhaftigkeit, ihren Muth, ihre Aufopferung, ihre Vaterlandsliebe desto heller hervorleuchten zu lassen; freilich können wir uns vorhersagen, daß die Sache der Vernunft, daß Wahrheit und Freiheit endlich doch den Sieg behalten müssen. Allein wohl uns, wenn wir schon jezt dem möglichen Übel entgegen arbeiten, und uns wechselseitig ermuntern, ihm in dem undurchdringlichen Harnisch der Gesellschaft, im festen Beharren auf Freiheit und Gleichheit, auf den unverjährbaren Rechten unserer Natur, auf dem Glücke der ganzen großen Menschenrepublik, entgegen zu gehen. Wohl uns, m. Br. wenn wir uns am Neujahrstage das Wort geben, nicht nur jede kleine Animosität der Vergangenheit zu vergessen, sondern auch über die Erhaltung der Eintracht unter uns in Zukunft mit Anstrengung aller Kräfte zu wachen! Wohl uns, wenn wir von heute an, einer in des andern Armen, unsern großen Beruf, zu wirken für unserer Mitbürger Glück, sie zur Freiheit anzurufen und von ihren Segnungen zu belehren, mit neuer Begeisterung auf uns nehmen, und den erhabenen Werth eines *Menschenlehrers* in seinem ganzen Umfange empfinden!

Werfet jezt, meine Brüder, einen flüchtigen Blick auf die Vergangenheit, und zählt die frohen Stunden, die wir seit dem unvergeßlichen 22sten October in unserm Freiheitstempel verlebten. Es ist erfreulich, die Fortschritte des Gemeingeistes zu bemerken, die, unter tausend, einem Mainzer allein bekannten Hindernissen, Schwierigkeiten, und Gegenbemühungen, auch in unserm Lande seit jenem Tage der Befreiung geschehen sind. In den Jahrbüchern unserer Gesellschaft wird es ewig zu unserm Ruhm angezeichnet stehen, daß die Beredsamkeit unserer Brüder die entschiedene Willensmeinung des *Landbewohners* für die Freiheit und die Vereinigung mit der Fr. Republik hervorgerufen und das Schicksal unserer Nachkommen zu ihrem unnennbaren Glück entschieden hat. Die Nachwelt wird es nicht vergessen, daß unsere Brüder zuerst die Denkmäler der Tyrannei eines barbarischen Zeitalters stürzten, zuerst unser tief gedemüthigtes Volk gewöhnten, das Haupt empor zu heben, und sich als Menschen und Freigewordene zu fühlen. Tausend und abermal tausend Begriffe, die hier ventilirt, durch vielfältige Untersuchung, Erörterung, Betrachtung, endlich der Einsicht Aller klar und faßlich hingelegt worden sind, und jezt in den Köpfen unserer Mitbürger Stoff zum Nachdenken geben, und Spinnweben des Vorurtheils aufräumen, zeugen von dem Nutzen, den Volksgesellschaften überall stiften können, und insbesondere von den zweckmäßigen und nicht fruchtlosen Bemühungen der unsrigen. Endlich unser Briefwechsel mit andern Gesellschaften, in Frankreich, Savoyen, Brabant, wie gattet er nicht das Schicksal unserer Stadt und unsers Landes mit dem Schicksale dieser freien Staaten, wie befestigt er nicht alle unsere Aussichten, wie manches kann er nicht beitragen, um uns nachdrücklichen Schutz zu erwirken, schleunigere Hülfe zu verschaffen, und durch weise Vorkehrungen vor feindlichen Angriffen sogar sicher zu stellen.

Scheint es, meine Brüder, als wollte ich unsern Panegyrikus schreiben? O so will ich eilends einlenken und Euch nachdruckvoll erinnern, daß trotz diesem schönen Anfange, noch so gut als nichts von uns geschehen sei, und indem ich Euren Blick auf die Zukunft lenke, zeigen, welche ganz andere Anstrengungen unsere Mitbürger, die uns beobachten, Deutschland, das jedem unserer Schritte nachspürt, die Welt, die uns richten wird, von uns verlangen.

In einem neugebohrnen Freistaate ist eine Gesellschaft, die nach unsern Grundsätzen arbeitet, unentbehrlich, und zu keiner Zeit war das Salz, die Würze oder der Gährungsstoff, nennen wirs mit welchem Gleichniß wir wollen, unserm Vaterlande unentbehrlicher, als jezt. Die erhabene Versammlung der Stellvertreter Frankreichs hat die Einwohner dieses Landes aufgefodert, sich in Ur- und Wahlversammlungen als freie Menschen zu organisiren, und nicht länger anzustehen, sich in Besitz der Rechte, die ihnen gebühren, zu setzen. Dies, meine Brüder, ist also der wichtigste Zeitpunkt, wo auf unserm Rathe, unserer Belehrung, unserm Beispiele vielleicht das Heil des ganzen Staates beruht.

Ihr kennt den Grad künstlicher Erschlaffung, den das lange getragene Joch der Unwissenheit und der Sklaverei nothwendig hat hervorbringen müssen; Ihr wißt, wie schwer es dem guten, redlichen Landmanne insbesondere werden wird, eine neue Einrichtung, sei sie auch noch so einfach, zu fassen und zu befolgen. Wie viel Gutes könnten nicht die Freunde der Freiheit und Gleichheit hier stiften, wenn sie sichs zum Geschäfte machten, ihren Landsleuten richtige Begriffe, sowohl von den Formen der Wahl, als insbesondere vom Zwecke derselben zu ihrem eignen Glücke zu geben? Wenn sie den Geist der Freiheit, das heißt, den Stolz des Menschen, der immer dem Gesetze gehorcht, übrigens aber seinen freien Willen fühlt, ihnen einzuathmen suchten, und sie anführten zu einem Sinne für die Würde und Wichtigkeit ihres Geschäfts und ihres künftigen Daseins? Wenn sie mit unermüdetem Eifer wesentlichen Unterschied zwischen der Maschine lehrten, welche ein anderer in Bewegung sezt, und dem moralischen, denkenden, freien Wesen, das sich selbst durch Vernunftgründe bestimmt?

Ich nannte Euch jezt nur dieses Geschäft, das erste, das nächste, das dringendste von allen. Wie vielfältig aber sind nicht die Rücksichten, in welchen der Jacobiner auf seine Mitbürger wirken kann und wirken soll? Wie unendlich mannichfaltig sind nicht die Zweige und die Mittel der Belehrung? Welch eine schöne, thatenreiche und rühmliche Aussicht thut sich nicht für uns auf in der Zukunft, wenn unser junges Institut erst tiefere Wurzeln geschlagen, Kräfte gewonnen und selbst gefühlt haben wird, was es vermag? Einen großen Schritt hiezu können wir in kurzem von den Bemühungen unseres Unterrichtsausschusses erwarten, dessen angelegentlichstes Geschäft die Ausarbeitung unsers Gesetzbuches sein wird, worin dem eifrigen Bruder seine Pflichten von selbst entgegen leuchten werden. Jeder wird, wenn erst diese Richtschnur vor seinen Augen liegt, sich in der Ordnung der zweckmäßigen, patriotischen Geschäftigkeit üben, zu wichtigen Vorlesungen und Debatten seine Kräfte aufbieten, oder seine Aufmerksamkeit bei dem, was andere vortragen, mit so gutem Erfolg anstrengen, daß er durch ihre Gründe belehrt, sich in Stand gesetzt sieht, in seinem Kreise diese Belehrung wieder mitzutheilen, und den Samen des Wissens wuchern zu lassen.

Dann, Mitbürger, Brüder, Freunde! dann hätten die frommen Wünsche, die ich heute für den Flor unsers Bundes that, ihre ganze Erfüllung erreicht, wenn unsere Brüder jederzeit Trost den Bedrängten, Hilfe den Nothleidenden verliehen, wenn sie Muth in Gefahren zeigten, Rath in entscheidenden Augenblicken ertheilten, bei allen Unternehmungen fürs allgemeine Wohl die ersten wären, in allen Stücken gutes Beispiel gäben, wenn sie die Zuversicht ihrer Mitbürger, die Wächter über den Gemeingeist aller öffentlichen Ämter, die Erhalter der guten Ordnung, der Stolz des Vaterlandes und das Schrecken der Feinde wären!

Neujahrslied

Neues Jahr, neues Jahr,
Sei uns was das alte war!
Rath' uns allen, warn' uns, wehr' uns,
Mahn' uns väterlich und lehr' uns,
Gut und ehrenwert zu sein!

Neues Jahr, neues Jahr,
Schirm' und schütz' uns vor Gefahr!
Lass für's Vaterland und jeden
Frei der Wahrheit Stimme reden
In der Hütt' und vor dem Thron!

Neues Jahr, neues Jahr,
Sei uns gnädig immerdar!
Allen Halben, Lauen, Flauen
Schenke Kraft und Selbstvertrauen
Und Gesinnung doch einmal!

Neues Jahr, neues Jahr,
Mach' uns unsre Hoffnung wahr!
Siegen lass die gute Sache,
Dass der Schlechte, Feig' und Schwache
Niemals mehr das Haupt erhebt!

Neues Jahr, neues Jahr,
Mach' es endlich allen klar:
Dass wir mit dem Vaterlande
Haben Ehre, Ruhm und Schande,
Segen, Glück und Heil gemein.

Neues Jahr, neues Jahr,
Bleib' uns gnädig immerdar!
Dass in deiner letzten Stunde
Dir noch schall' aus aller Munde:
Tausend Dank dir, neues Jahr.

FRANZ MARC

Ein Brief

Neujahr 1915

Prost Neujahr! Es ist ein fabelhafter schöner Tag, rührend schön, als ich im ersten Morgenlicht wieder in meine Stellung ritt. Die Berge sind alle weiß, aber herunten im Tal spüren wir immer noch keinen Winter. Wir tranken gestern so beträchtliche Mengen Punsch, dass wir ganz schwer und taumelig einschliefen. Das famose Bett und richtige Mittagessen, das ich jetzt habe, bringt mich oft ganz vom bitteren Ernst des Krieges ab; ich bin viel weniger nervös und aufgeregt und lebe jetzt mehr in Heimatgedanken, trotz der dröhnenden Kanonen. So traurig es ist, dass im Osten die Entscheidung sich so in die Länge zieht und vielleicht ganz neuer Operationen bedarf, so bleibt doch immer die eine Beruhigung: Ins Land kommt der Feind nicht, weder im Osten noch im Westen. Jeder Versuch der Franzosen, im offenen Gelände vorzudringen, wird von unsrer Artillerie spielend, (oder wie der amtliche Bericht sagt: ›leicht u. unter schweren Verlusten für den Feind‹) zurückgewiesen. So war es vor Verdun, in den Vogesen und hier und wohl auf der ganzen Linie und im Osten. Die 42 stehen *alle* an der Küste. Dort oben wird die Entscheidung fallen, – wie, kann ich mir freilich nicht vorstellen; die ganzen Operationen im Norden entziehen sich leider so ganz meiner Vorstellung. Die Äußerung von Tirpitz über den Handelskrieg mit Unterseebooten ist toll in ihrer Unverblümtheit; ich bin neugierig oder besser gierig auf das, was im Norden sich noch ereignen wird. Gottlob liegt das süße kleine Ried in einem vor dem Weltkrieg so geschützten stillen Winkel. Halte und verwalte es nur treu, bis ich einmal wieder mit dem Kochler Zügelchen da hinaus und *heim*komme!. Um unsre Zukunft ist mir nicht bang.

Neujahrswunsch
1817

Wer redlich hält zu seinem Volke,
Der wünsch ihm ein gesegnet Jahr!
Vor Misswachs, Frost und Hagelwolke
Behüt uns aller Engel Schar!
Und mit dem bang ersehnten Korne,
Und mit dem lang entbehrten Wein
Bring uns dies Jahr in seinem Horne
Das alte, gute Recht herein!

Man kann in Wünschen sich vergessen,
Man wünschet leicht zum Überfluss,
Wir aber wünschen nicht vermessen,
Wir wünschen, was man wünschen *muss*.
Denn soll der Mensch im Leibe leben,
So brauchet er sein täglich Brot,
Und soll er sich zum Geist erheben,
So ist ihm seine Freiheit not.

An Achim von Arnim

(Heidelberg, den 1. Januar 1806)
Geliebter Bruder! mein Herr und Freund! O wie herrlich ist die
Sonne, die allen den Tag giebt, vielen ein Gott ist, und auch in
meine kleine Kammer über des Nachbars dürre Mauer einen
Strahl wirft, und dieser Strahl ist mein, an ihm kann ich die ganze
Sonne ergreifen, in diesem Strahl ist all ihr Wesen zu erkennen,
dieser Strahl erquikt mein Herz, entzündet mein Leben, und
macht mich theilhaftig alles Lebens durch den Muth, ein Leben
zu ertragen. Nicht eher kann ich mich an dem Inhalte deines
Briefes erfreuen, als ich dir herzlich für dein Schreiben selbst
danke, denn daß du schreibst ist noch herrlicher und schöner, als
waß du schreibst; weil nur eine Seele von solcher Wahrheit und
Treue, es wagen darf, so in Enthusiasm fürs Ganze zu brennen,
ohne Gefahr zu laufen, je ein Werkzeug des Größeren Theils zu
werden. Lieber Bruder, in dem Augenblick, da ich deine An-
wandlung dem Prinzen ins Feld zu folgen, laß, fühlte ich mich
fest entschloßen, dir ins Feld zu folgen, ich sah mich schon deine
Waffen putzen, dein Zelt hüten, dir den Bügel halten, ich sah dich
auffliegen und sinken, ich sah deinen Ruhm in meiner besten
Liebe brennen, und sah das Geheimniß der herrlichen Seele vielleicht in Ruhmloser Schlacht herrlich zu sterben mit meinem
Tode gefeiert und deinen Lauf mit meinem beschlossen. Es ist
nicht, als dünke ich mich würdig dein Gefährte zu sein, nein es
ist, als sei es Recht, daß du so geliebt werdest, wie ich dich liebe,
und muß, denn ein solcher Mensch, dessen Tugend kein Rausch
berauscht, der im Tode nicht Abschied nimmt, sondern spricht,
laß mich sterben, ich bin bei dir, bei dem bin ich auch, ewig bin
ich bei ihm.

– Aber es ist Waffenstillstand, und wohl Friede, und so darf
ich ihn dann auch segnen, denn Alles hat zwei Seiten, lieber Ar-

nim, der Kerl, der hinter dir steht, steht hinter manchem braven Soldaten, aber nicht oft hinter dem Dichter, und dem Gott des schaffenden Friedens, laße ihn um Gotteswillen hinten stehn, und hole ihn nicht mit Gewalt hervor, er ist nicht umsonst hinter den Stuhl gestellt, Göthens Dasein, das sich so from entzückt, ist es nicht herrlicher, größer, ewiger, ich möchte sagen tapferer, als jenes des herrlichsten Siegers, und ist denn die Lage unsers Vaterlands so schrecklich, da es des Tods seiner Götter bedarf, um es zu erlösen, es ist etwas entsezliches, in einer Zeit, wo nur die Idee siegt, mit den Waffen in der Hand zu sterben. Wem thut dann Frankreichs Sieg weh, schönen Seelen, die nach dem Ideal eines Staates schmachten, du glaubst doch nicht, daß sie dem deutschen Kaiser, oder irgend einem andern Herrn wehe thäte, denen ist sie wo nicht gesund, doch angemessen, und ich versichere dich, wenn das Schwanken deines Vaterlandes zwischen Krieg und Frieden gleich nicht aus ideellen Ansichten hervorgehen mag, so geht es doch hervor aus dem waß einen Staat in dieser Zeit allein charakterisirt und hält, aus dem richtigen Bewustsein seiner Kräfte, und der Erkenntniß, sie da und dann zu Gebrauchen, wo es sich geziemt. Die Staaten sind in dieser Zeit Egoisten, wer der klügste ist, dessen Ich ist das Liebenswürdigste, für sich selbst. Aber ich glaube nicht daß die freie herrliche Seele, die nach Gottes Ebenbild erschaffene schaffende Seele für diesen Egoisten sich wagen darf, ja es ist ihr allein erlaubt alles, waß der Egoist brach und dürr liegen läßt mit listiger Kunst, zu veredlen, und in dem Meere des Staats grüne Inseln hervorgehen zu lassen, die eine Zuflucht der schönsten Gesinnung sich endlich vereinen und eine unsichtbares Vaterland hervorbringen, das endlich gereift in der Zeit, biß zur Überschwenglichkeit, eine schöne Heldenseele gebähren, aber auch ernähren kann, und dann seelig die Nachkommen. O Arnim erkenne deine Kraft, und deine Zeit, sieh Göthen an, werde waß du kannst, auch der edleste Wein, ja Gottes Blut, berauscht nur zur Thorheit in diesen Tagen, so vieles geht unter im Erguße eines Kriegs, spreche aus waß ewig im Menschen ist, aufgelöst in deinem Blut, oder zerstreut in der Verblutenden Geschichte, gieb es dem ordnenden Gedanken, dem lebendigen Wort, daß es wie ein Blitz, einer Minute und ihrem Leben die Grube vor den Füßen, und den Hofnungsvollen Himmel erleuchte, oder unsichtbar wie die ganze elektrische Masse der Welt lebe und wirke in der Werkstatt Gottes. Doch ich will nicht weiter so reden, denn mir fällt ein, daß Anton einen Regenschirm einen Wellenbaum genannt, und wenn ich überlese, waß ich geschrieben, ist mirs, als höre ich einen Regenschirm, welchem durch Antons kühnen Gedanken der Kamm gestiegen, und sich mit einer tüchtigen Eiche, die Anton mit einem Regenbogen verglichen hat, in Unterredung einlasse. Also halte mir meine Rede zu gut, und glaube nur, daß ich dich unaussprechlich liebe; wenn ich auf unsre neue poetische Kunst sehe, so muß ich immer dein gedenken, du bist so menschlich, gefällig, gütig, gedankenvoll, überschwenglich produktiv, so gar nicht eitel, so vielseitig, hast solche Liebe an unerkannter Kunst, stehst mit allen so versöhnt, bist so sicherstellig, und segenbar, und hast frei von Eigendünkel dennoch keine Ohrfeige von der Philosofie bekommen, auch bewegt sich deine Lage so frei, und kaum betritst du die Dichterbahn, so begegnet dir der beste lebendige Meister auf der Chaussee, wollt ich sagen Kunststraße, und bietet dir tröstend und freundlich die Hand, dir, dem alle abgeschiedenen großen Dichter geliebt sind, ist Göthe befreundet, von dem kein Jüngling dieser Zeit sich des Vertrauens rühmen kann, den selbst die verehrende Lesewelt stolz nennt; lieber Arnim, sei doch eine Minute eitel, und bleibe ein Dichter; Göthe hat einstens zu Friedrich Tieck gesagt, er wundre sich, daß Preußen keinen Dichter habe, als Rammler, Gott segne dich, lieber, rette doch dein Vaterland, steige auf dein Flügelroß, und mache eine Bresche in Göthens Litterairgeschichte. – aber waß du thust, liebe mich, sieh, es hat dir ja noch immer Segen auf deiner Treue zu mir gelegen, ich kenne dein Herz, nie eine Minute habe ich an dir gezweifelt, und wenn alle Pläne scheitern, so kann nie wanken, waß deine unschuldige Tugend planlos in mir entworfen, diese grose Liebe zu dir. So lange ich lebe, ist nie heimlich

oder öffentlich etwas von mir gesagt worden, waß mich innig er-
neute, waß mich erweckt, und ermuntert, als von Reichard in der
gütigen Rezension des Wunderhorns, wo er uns *zwei reine innig
befreundete Dichterseelen* nennt, so bist du dann mein Freund,
so ist es dann schon der Welt bekannt, so bist du dann nicht dagegen, daß es gesagt wird! lieber Arnim, und doch, doch wollte
ich nicht erbittern, nur gerne vergehen, wenn du dich von mir
wenden müßtest, um herrlicher zu sein, aber du kannst es nie
werden, als du es in meiner Liebe bist. –

THEODOR FONTANE

Auf dem Windmühlenberge

In dem »Wieseckeschen Saal auf dem Windmühlenberge«, in dem erst am Abend vorher der große Silvesterball stattgefunden hatte, waren am Neujahrstage wohl an hundert Stammgäste mit ihren Frauen und Kindern versammelt. Alles war wieder an seinem alten Platz, und auf derselben Stelle, wo sich vor kaum vierundzwanzig Stunden die Paare gedreht hatten, standen jetzt, als ob der Ball nie stattgefunden hätte, die grüngestrichenen, etwas wackeligen Tische mit den vier Stühlen drum herum; und zwischen den Stühlen und Tischen, hin und her und auf und ab, preßte sich eine Schar von Verkäufern, die hier seit vielen Jahren heimisch und fast ein zugehöriger Teil des Lokals geworden waren: alte Mütterchen mit Schaumkringeln und Zimmetbrezeln, primitive Tabulettkrämer, in deren vorgebundenen Kästchen Stahl und Schwamm, Schwefelfäden und blaue Glasperlen zum Verkaufe lagen, endlich Stelzfüße, die neben den beiden Berliner Zeitungen auch allerhand Flugblätter feilboten. Über dem Ganzen lag eine angesäuerte Weißbierluft, die, durch Lichterblak und Tabaksqualm ziemlich beschwerlich werdend, nur dann und wann sich auffrischte, wenn ein Glas dampfenden Punsches vorübergetragen wurde.

An einem dieser Tische, der halb schon unter der Musikempore stand, saßen vier Berliner Bürger, zwei von ihnen in eifrigem Gespräch, die beiden andern ebenso eifrige Zuhörer. Es waren Nachbarn aus der Prenzlauer Straße: der Schornsteinfegermeister Rabe, der Bürstenmacher Stappenbeck, der Posamentier Niedlich und der Mehl- und Vorkosthändler Schnökel. Alle vier Männer von vierzig Jahren und drüber, Niedlich und Schnökel in demselben Hause wohnend, nur durch den Flur getrennt.

Rabe war der Angesehenste unter ihnen und hatte nicht nur das, was die meisten Schornsteinfegermeister zu haben pflegen:

gute Haltung, frischen Teint und weiße Zähne, sondern auch einen wundervollen Charakterkopf, der jedem Chefpräsidenten Ehre gemacht haben würde. Er wußte das auch und verfuhr darnach, ließ sich lieber erzählen, als daß er selber erzählte, und vermied, obschon er aus einer alten Berliner Familie stammte, alle großen Worte. Er war der Drosselstein dieses Kreises, das aristokratische Element, wie denn die Schornsteinfegermeister, bei denen das Geschäft von Vater auf Sohn geht, wirklich eine Art Bürgeradel bilden.

Wenn Rabe der Drosselstein dieses Kreises war, so war Stappenbeck der Bamme. Niedlich warf ihm vor, daß er den Bürstenmacher nicht verleugnen könne, und das traf in allen Stücken zu; denn wie sein Haar, so war auch seine Manier und Sprechweise: die Borsten immer nach oben. Ein echter Berliner. Er stand an Ansehen hinter Rabe zurück, war ihm aber an Wissen und Witz und selbst an Erfahrung weit überlegen. Er hatte Reisen gemacht, war um seines Geschäftes willen, das er mit Eifer und Umsicht betrieb, in Polen und Rußland gewesen und galt seit Beginn des Zuges gegen Moskau in allen russischen Lokalfragen als unanfechtbare Autorität. Selbst Rabe, ohnehin zu vornehm, um lange zu streiten, unterwarf sich seinen Weisheitssprüchen, die von dem festen Boden der Landeskenntnis aus allerdings mit Vorliebe in das Politisch-Militärische hinüberspielten.

Sein Gegensatz war Posamentier Niedlich, ein kleiner artiger Mann, dessen Redseligkeit nur durch seine Ängstlichkeit gezügelt wurde. Er trug einen hellgrünen Rock und, weil er an Kopfreißen litt, ein Käppsel von geblümtem Sammetmanchester mit einer Puschel daran, »dem Zeichen seines Standes«, wie Stappenbeck versicherte. Er konnte, von Geschäfts wegen an ein beständiges Hin- und Herhüpfen gewöhnt, nie länger als fünf Minuten sitzen bleiben, ganz einem Zeisig ähnlich, der es nicht lassen kann, die Sprossen seines Bauers auf- und abzuspringen. Auf seinen mageren Backen brannten zwei scharf abgezirkelte rote Flecke, als ob er hektisch oder echauffiert sei; er war aber weder das eine noch das andere.

Den Schluß machte Schnökel. Er war der Baß dieses kleinen Männerkonzertes, in Stimme wie Figur. Ein großer starker Mann mit kurzem Hals; das Bild des Apoplektikus, ein gründlicher Kenner in Sachen Berliner und Cottbuser Weißbieres. Er schmeckte nicht nur die Sorten, sondern auch die Lagerungstage heraus, trank, rauchte und schwieg. Nur dann und wann, wenn das wiederholte Klopfen mit dem Deckel nicht geholfen hatte, rief er über alle zwischenstehenden Tische hinweg mit Stentorstimme nach einer neuen »Weißen«.

Stappenbeck hatte die »Berlinische Zeitung« unter seinem linken Ellbogen. Es war die Nummer vom 26. Dezember, aus der er seinen drei Genossen eben die Hauptstellen des darin abgedruckten neunundzwanzigsten Bulletins vorgelesen hatte. Mit der Rechten fuhr er, sich aufzufrischen, in die große Schnupftabaksdose, die zwischen ihnen mitten auf dem Tische stand; Rabe rauchte still, Schnökel in großen Wolken, während Niedlich, ein ausgesprochener Nichtraucher – der, solange die Vorlesung dauerte, zu Stappenbecks äußerstem Mißbehagen ein ganzes Dutzend Zuckeroblaten geräuschvoll zerbrochen und aufgegessen hatte –, jetzt eine alte Frau heranwinkte, um sich den Schaumkringeln zuzuwenden.

Die Schilderung des Überganges über die Beresina, womit der in der Zeitung gegebene bloße Auszug des Bulletins abschloß, hatte, namentlich bei Rabe, neben der patriotischen Freude doch auch menschliche Teilnahme geweckt, und es war nicht ohne Bewegung, daß er vor sich hin sprach:

»Gerichte Gottes! Was wird aus ihm, Stappenbeck? Kann er sich von diesem Schnee- und Eisfeldzuge wieder erholen?«

»Wie sich ein Karpfen erholt, wenn das Eis bis auf den Grund gefroren ist; er muß sticken. Ich sage dir, Rabe, es is alle mit ihm. Du mußt nicht vergessen: erstens die Gegend und dann den Schnee und dann das Volk. Ich kenn es. Das is ja nich so wie hier bei uns. Nehmen wir an, du willst nach Potsdam; ja, da is erst der ›Schwarze Adler‹, dann Stimmings, dann Kohlhasenbrück, un überall was Warmes. Aber nu nimm Rußland. Da marschierst du den ganzen Tag immer gradaus, un wenn du am Abend einem begegnest und fragst ihn: ›Wie weit is es noch?‹, so sagt er: ›Fünf Meilen.‹ Aber du kannst nicht fragen, denn du begegnest keinem.«

Rabe nickte. Trotzdem er das Übertriebene wohl heraushörte, sah er doch ebenso deutlich, daß diese Übertreibung nur das scherzhafte Kleid für eine ernsthaft gemeinte Sache war. Niedlich aber sagte:

»Du vergißt bloß eins, lieber Stappenbeck; sie sind ja schon in Wilna, und von Wilna bis an die Grenze is bloß noch neunzig Meilen.«

»Bloß noch neunzig Meilen«, wiederholte Stappenbeck in gedehntem Tone, in dem sich Ärger und gute Laune die Waage hielten. »Wie weit is es doch bis Alt-Landsberg?«

»Drei Meilen.«

»Gut also, drei Meilen. Nu sage mir, Gevatter, denkst du noch an den Grünen Donnerstag, es geht jetzt ins dritte Jahr, wo wir die Tour zusammen machten? Du hattest einen warmen Rock an und weite Stiefel; von dem Proviant, den wir mithatten, will ich gar nich reden. Und nu besinne dich, wie der Posamentier Niedlich in den Alt-Landsberger ›Blauen Löwen‹ einrückte! Leugnen is nich, denn ich habe dir selber den Wollfaden durch die Quesen gezogen. Und du redst von ›bloß neunzig Meilen‹.«

Schnökel lachte. »Ja, neunzig Meilen is eine hübsche Ecke. Aber mit dem Kaiser, Stappenbeck, is es drum noch lange nich alle. Warum soll es auch alle mit ihm sein? Is er nich heil heraus? Un sitzt er nich wieder ausgewärmt und ausgefuttert in Paris? Un seine Franzosen, die nich mitgefroren haben, die kenn ich; die werden ihm bald wieder eine neue Armee machen.«

»Nein, Schnökel, das werden sie nicht«, antwortete Stappenbeck, der sich inzwischen auch eine Pfeife angezündet und den brennenden Fidibus am Tischrand ausgeklopft hatte. Nur ein paar Funken glimmten noch. »Blas an diesem Fidibus, soviel du willst, er brennt nich wieder. Ich glaube nich, daß ihm die Franzosen eine neue Armee machen, und wenn sie's tun, wer soll sie kommandieren? Da liegt der Has im Pfeffer. Er ist ein Deibels-kerl, aber er kann doch am Ende nich allens allein besorgen.«

»Das braucht er auch nicht; dazu hat er seine Generale«, be-merkte Rabe.

»Die hat er eben *nich*. Vorläufig stecken sie noch mit erfrore-nen Zehen in Rußland, und ich sage dir, Rabe, das müßte schnur-rig zugehen, wenn auch nur einer wieder nach Paris käme und seinem Empereur vermelden könnte: ›Hier bin ich.‹«

»Sollen wir sie denn alle totmachen?« fragte Niedlich mit ei-nem gemischten Ausdruck von Schauder und Schelmerei.

»Nein, du nicht. Deine reinen Posamentierhände sollen sich nicht mit Marschallsblut besudeln. Du kannst ihnen, denn das hast du um deine Puschelmütze verdient, meinetwegen die Qua-sten und Raupen liefern, wenn sie erst wieder hier sind. Aber, Niedlich, ›wenn‹. Es sind freilich, wie du sagst, bloß neunzig Meilen von Wilna bis Memel, aber ich müßte die Russen schlecht kennen, wenn sie diesen Spaziergang nicht ausnutzen sollten. Und zwischen Memel und unsrem Prenzlauer Tor liegt auch noch gerade Erde genug, um ein Dutzend Marschälle und alles, was drum und dran hängt, zu begraben.«

»Wer soll das tun?« fragte Rabe mit ablehnender Würde »So was is nich Mode bei uns.«

»Kann aber werden«, fuhr Stappenbeck fort. »Die Not lehrt nich bloß beten, und die Welt besteht nich aus lauter Posamen-tiers. Ich sage dir, Rabe, in Litauen und Masuren werden sie schon zufassen. Aber wenn sie auch nicht zufassen, wenn sich keine Hand rührt, der liebe Gott tut es für uns. Sie fallen um wie die Fliegen. Und die paar, die bis hierher kriechen, die müssen wir irgendwo unterbringen.«

»Wo denn?«

»'ne neue französische Kolonie; aber hinter Wall und Gra-ben.«

»Und wenn sie der Kaiser wiederhaben will?«

»Dann mag er sie sich holen. Aber er wird nich; denn um *die* Zeit sind die Russen hier.«

»Vielleicht.«

»Nein, gewiß. Nimm mir's nicht übel, Rabe, das verstehe ich besser. Wer in Wut is, der steht nicht still. Das is überall so. Wenn meine Frau was mit mir hat, und sie hat mitunter was mit mir, und ich geh in die andere Stube, weil ich genug habe, was tut sie? Sie kommt mir nach. Und da geht es weiter. Das ist, was man die menschliche Natur nennt. Und der Russe is auch ein Mensch. Erst recht. Ich sage dir, Rabe, der Russe kommt, und der Kaiser wird *nicht* kommen. Denn die Franzosen haben ihn satt; und das kannst du mir glauben, so sehr viel is auch nie mit ihm los gewesen. Ich hab es schon Anno sechs gesagt, als er auf seiner brandroten Fuchsstute hier einritt, mit seinem gelben Gesicht und den stechenden Augen. ›Kinder‹, sagt ich, ›es is doch man ein ganz kleiner Kerl; der Alte Fritz war auch kleine, aber so kleine war er doch noch lange nich.‹ Ich bin nu mal für die Großen. So wie Saldern war oder Möllendorf.«

Es schien, daß Stappenbeck noch fortfahren wollte, aber ein Krüppel, der mit zurückgebundenen Fußstummeln von Tisch zu Tisch rutschte, hielt ihm eben ein Blatt entgegen und sagte: »Das is was für Sie, Herr Stappenbeck; ein Groschen, aber ich nehm auch zwei.«

Es war ein löschpapierner Bogen: »Neue Lieder, gedruckt in diesem Jahr«, mit zwei Holzschnitten, von denen der eine die drei Grazien in einem ovalen Rosenkranze, der andere auf der Rückseite einen kleinen Amor darstellte.

Stappenbeck gab dem Krüppel die gewünschte doppelte Löhnung und schlug den Bogen auseinander, in dem er irgendeinen franzosenfeindlichen Reim, wie sie damals mit Hilfe solcher fliegenden Blätter verbreitet wurden, zu finden hoffte. Er überflog die Überschriften: »Ännchen von Tharau«, »Frisch auf, Kameraden, aufs Pferd, aufs Pferd«, »Herr Schmidt, Herr Schmidt«, »Das Gespenst in Tegel«. Er wurde ungeduldig und drehte den Bogen um: »Die Schlacht bei Groß-Aspern«, »Oh, Schill, dein Säbel tut weh«; sollte der Krüppel diese beiden gemeint haben? Aber das waren ja bekannte Sachen. Halt, hier, *das* mußt es sein;

es hatte keine Überschrift, aber die beiden ersten Zeilen konnten als solche gelten.

»Lies«, sagte Rabe, der dem Gesichte Stappenbecks ansah, daß er endlich gefunden hatte, was er suchte. Und Stappenbeck las:

> »Warte,
> Bonaparte;
> Warte nur, warte, Napoleon,
> Warte, warte, wir kriegen dich schon.
>
> Ja der Russ'
> Hat uns gezeigt, wie man's machen muß:
> Im ganzen Kremmel
> Nicht eine Semmel,
> Und auf den Hacken
> Immer nur Hunger und Kosaken,
> Ja der Russ'
> Hat uns gezeigt, wie man's machen muß.
> Hin ist der Blitz
> Deiner Sonne von Austerlitz,
> Unterm Schnee
> Liegen all deine Corps d'Armée.
> Warte,
> Bonaparte;
> Warte nur, warte, Napoleon,
> Warte, warte, wir kriegen dich schon.«

Die nächste Folge war, daß der Krüppel wieder herangewinkt wurde; jeder wollte jetzt seiner Frau den Spottvers mit nach Hause nehmen. Von dem Mitleid, das die Vorlesung des Bulletins begleitet hatte, war nichts mehr übrig, und besonders Schnökel wiederholte mit wachsendem, von Hustenanfällen begleiteten Behagen: »Im ganzen Kremmel nicht eine Semmel.« Ihr Lesen und Lachen war an den umstehenden Tischen bemerkt worden, und ein alter Herr, der freilich nichts weniger als geneigt aussah, an ihrer Heiterkeit teilzunehmen, und von Rabe als »Herr Klemm«, von Stappenbeck aber mit besonderer, etwas spöttischer Betonung als »Herr Feldwebel Klemm« begrüßt wurde, trat an sie heran. Die Charge, bei der ihn Stappenbeck nannte, erklärte zum Teil das Aparte seiner Erscheinung. Er hielt sich kerzengerade, hatte das spärliche weiße Haar mit einem großen Kamme nach hinten zu zusammengesteckt und trug zu seinem langen blauen Rock und schwefelgelber Weste ein Paar Reiterstiefel, die bis zum Knie hinauf blitzblank geputzt waren. Der hagere Hals steckte in einer steifen Binde.

»Wollen Sie nich Platz nehmen, Herr Klemm?« fragte Rabe.

»Haben Sie schon gelesen, Herr Feldwebel Klemm?« fügte Stappenbeck hinzu und überreichte ihm den Bogen, den er mittlerweile derart zusammengefaltet hatte, daß das Lied, auf das es ihm ankam, obenauf lag.

Klemm dankte und las den Spottvers, während er aus seiner holländischen Pfeife kleine Wölkchen blies. Er verzog keine Miene, legte, als er geendet, das Blatt wieder auf den Tisch und sagte: »Die Polizei, die sich um vieles kümmert, das sie nichts angeht, macht die Augen zu, wo sie sie aufmachen sollte. Wohin führt das? Zu Krawall und Auflehnung. Und was ist das Ende vom Liede? Wir werden statt an der linken Hand an beiden Händen gebunden werden, und an den Füßen dazu.«

Er schlug mit den Knöcheln seiner rechten Hand auf das vor ihm liegende Blatt und fuhr fort: »Und sind wir nicht im Bündnis mit dem Kaiser? Leider zu spät; wären wir es immer gewesen, es stände besser mit uns. Aber der alte Fehler ist noch wieder zu reparieren, gerade jetzt. Geschieht es, gut; geschieht es *nicht*, ertappt er uns wieder auf dem faulen Pferde, so sind wir verloren. Von Treue will ich nicht sprechen, die Politik braucht nicht treu zu sein; aber klug, klug, meine Herren.«

»Was jetzt klug ist, ist klar«, sagte Stappenbeck. »Er hat nur noch Trümmer; der Russe drängt nach, wir von vorn; so klatscht es zusammen, und wir haben ihn unter der Fliegenklatsche.«

»Fliegenklatsche! Sie machen die Rechnung ohne den Wirt,

Herr Bürstenmacher Stappenbeck. Der Russe wird nicht nachdrängen, glauben Sie mir. Aber *wenn* er nachdrängt, wenn er über den Njemen geht und über die Weichsel, dann werden Sie freilich so was Ähnliches haben, aber nicht Fliegenklatsche, sondern Mausefalle. Und wer steckt drin? Der Russe.«

»Das wäre. Da bin ich doch neugierig«, sagte Rabe.

»Bitte, Herr Niedlich, wollen Sie mir ein Stück Kreide geben.«

Niedlich sprang auf.

»Nein, ich danke Ihnen, ich finde hier noch ein Stück in meiner Tasche.«

Damit schob der strategische Feldwebel die Gläser in eine Ecke zusammen und zog von oben nach unten einen Strich über den grünen Tisch hin. »Dieser dicke Strich also«, hob er an, »ist die Grenze, rechts Rußland, links Preußen und Polen. Achten Sie darauf, meine Herren, auch Polen. Dieser Punkt hier links ist Berlin, und hier zwischen Berlin und dem dicken russischen Grenzstrich, diese zwei kleinen Schlängellinien, das sind die Oder und die Weichsel. Nun müssen Sie wissen, an der Oder und Weichsel hin, in sechs großen und kleinen Festungen, stecken dreißigtausend Mann Franzosen, und ebenso viele stecken hier unten in Polen in einer sogenannten Flankenstellung, halb schon im Rücken. Ich wiederhole Ihnen, achten Sie darauf, denn in dieser Flankenstellung liegt die Entscheidung. Jetzt drängt der Russe nach; schwach ist er, denn wenn eine Armee friert, friert die andere auch, und schlottrig geht er über die Weichsel. Und nun geschieht was? Von den Oderfestungen her treten ihm dreißigtausend Mann ausgeruhte Truppen entgegen, von der Flankenstellung her andere dreißigtausend Mann, legen sich ihm vor und schneiden ihm die Rückzugslinie ab. Und klapp, da sitzt er drin. Das ist, was man eine Mausefalle nennt. Ich mache mich anheischig, Ihnen die Stelle zu zeigen, wo die Falle zuklappt. Hier dieser Punkt. Es muß Köslin sein oder vielleicht Filehne. Ich gehe jede Wette ein, zwischen Köslin und Filehne kapituliert die russische Armee. Wie Mack bei Ulm. Was nicht kapituliert, ist tot.«

»Und ich glaub es alles nicht«, sagte Stappenbeck und wischte mit dem Ärmel seines Flauschrocks die ganze Mausefalle vom Tisch weg.

»Ich kann Ihren Glauben nicht zwingen«, sagte Klemm mit einer Miene ruhiger Überlegenheit. »Es ist ein eigen Ding mit der Kriegswissenschaft; Bürstenmacher können sie haben –«

»Und Feldwebel –«

»Aber auch nicht«, schloß Klemm seinen Satz.

»Aber auch nicht«, wiederholte Stappenbeck.

Schnökel war diesen Schraubereien mit einem schweren asthmatischen Lachen gefolgt; Rabe aber, dem alles, was zu Zank und Streit führen konnte, zuwider war, erhob sich und sagte: »Es ist Zeit, ihr Herren, ich gehe; wer kommt mit?« Alle folgten der Aufforderung, steckten die Blätter, die sie gekauft hatten, zu sich und schritten mit einem kurzen »Guten Abend, Herr Klemm!« an diesem vorüber auf die Tür zu. Als sie diese fast schon erreicht hatten, kam ihnen ein gelblicher mittelgroßer Hund nachgesetzt und schoß ängstlich, weil er sich vergessen glaubte, dem kleinen Niedlich durch die Beine hindurch, so daß dieser nur mit Mühe seine Balance hielt. Es war Kratzer, Stappenbecks Spitz, der sich die ganze Zeit über an allen Tischen, wo Kinder saßen, mit Kringelfangen beschäftigt hatte, ein häßliches Tier, ebenso storr und widerhaarig wie sein Herr. Jetzt sprang er an diesem in die Höhe, winselte, bellte und jagte, als er draußen im Freien war, kreuz und quer über das Plateau des Windmühlenberges hin, ersichtlich froh, nach dem Gesellschaftszwang der letzten Stunden sich wieder austoben zu können.

Die vier Bürger hielten sich auf dem ziemlich breiten Fußwege, den die zahlreichen Gäste des Wieseckeschen Lokals nach dem Prenzlauer Tore hin in dem dichtliegenden Schnee gestapft hatten. Rabe, trotzdem es kalt war, bewahrte seine distinguierte Haltung; die drei anderen aber, die sich wenig um ihr Aussehen kümmerten, hatten die Mützen ins Gesicht gezogen und sich bis an die Ohren hinauf in ihre dicken gestrickten Shawls gewickelt. Schnökel, der bei Ostwind nicht sprechen konnte, blieb etwas zurück; Niedlich hielt Linie mit den beiden andern, aber nur mühsam, da er ein Trippler war.

Das Gespräch wollte nicht gleich in Gang kommen; endlich begann Rabe, der mehr ausdauernd als schnell von Gedanken war:

»Ich glaube doch, Stappenbeck, du hast ihn zu despektierlich behandelt. Ich hab's mir nämlich überlegt. Erstens ist er ein alter Mann, zweitens ist er ein Soldat, und drittens hat er die Schlacht bei Torgau gewonnen.«

»Das hat er«, fiel Niedlich ein, der bestimmt ausgesprochenen Sätzen eines andern, besonders aber, wenn sie von Rabe kamen, gern zustimmte.

Stappenbeck blieb stehen und pfiff seinem Hund. Kratzer kam in großen Sätzen heran, blaffte ein paarmal und jagte dann wieder, als wäre der böse Feind hinter ihm her, in wildem Zickzack über den in Schnee liegenden Windmühlenberg hin. »Seht«, sagte Stappenbeck, »so hat Klemm die Schlacht bei Torgau gewonnen. Immer die Beine in die Hand. Er ist gelaufen daß es eine Freude war.«

»Aber er soll ja doch gesammelt haben«, nahm Rabe wieder das Wort. »Ich entsinne mich der Sache ganz genau. ›Wie heißt Er?‹ frug ihn der König, als er ihn die zerstreuten Grenadiere wieder in Reih und Glied bringen sah. ›Klemm, Euer Majestät.‹

– ›Na, das ist brav, mein lieber Klemm; *ich* werd es Ihm nicht vergessen.‹ Und dann ritt der König weiter. Ich hab es ihn selber erzählen hören.«

»Wen? Den König?«

»Nein, Klemm.«

Stappenbeck lachte. »Rabe, du hast bloß einen Fehler. Du glaubst alles. Ich kenn diesen Patron besser. Er ist nicht einer von den Grenadiers, die bei Torgau gesammelt *haben*, sondern einer von denen, die gesammelt worden *sind*. Und das mit des Alten Fritzen eigenhändigem Krückstock. ›Rackers, wollt ihr denn ewig leben?‹ An diesem allergnädigsten Zuruf hat unser Klemm seinen ehrlichen Anteil.«

»Du kannst ihn nicht leiden, Stappenbeck, und auf wen du mal eine Pike hast –«

»Den pik ich, aber diesen Feldwebel Klemm noch lange nicht genug. Er ist ein schlechter Kerl durch un durch. Eine Memme, ein Großmaul und ein Schnurrer.«

»Ein Schnurrer?« fragte Rabe.

»Ja, ein Schnurrer ist er«, fiel hier Niedlich ein, der rasch erkannt hatte, daß sich die Partie schließlich doch wieder zu Stappenbecks Gunsten entscheiden werde. »Ein Schnurrer ist er. Im Sommer sitzt er auf den Gütern fest, bei den Bredows und den Rohrs, die sind gutmütig; das ist denn so seine Weidezeit; un wenn so Anfang Dezember geschlachtet wird, da kommt er schon mit langen Neujahrswünschen, bloß damit er sich wieder in Erinnerung bringt. Er kriegt auch Almosen. Un was für welche! Ich hab ihn selber die Dukaten putzen sehen.«

»Na, na«, sagte Rabe, »wenn er ein hilfsbedürftiger Mann ist –«

»Ein Geizhals ist er un ein Schuft dazu«, nahm Stappenbeck, immer mehr sich ereifernd, wieder das Wort und zog den dicken Shawl, der ihn am Sprechen hinderte, etwas tiefer unter das Kinn. »Ich weiß, was ich sage; er wohnt bei meiner Frau Bruder im Hause; die kennen ihn; er ist ein Mantelträger, ein Spion.«

»Na, na«, wiederholte Rabe.

»Und wenn er kein Spion ist, was ich ihm nicht beweisen kann, wenn ich es auch fest und sicher glaube, so ist er doch eine undankbare Kreatur. Was Niedlich erzählt hat, wie er sich bei den havelländischen Adligen, die ich alle kenne von wegen der Borsten, immer wieder herausfuttert, das war vordem, un das war seine gute Zeit. Ich meine seine ehrliche Zeit. Denn ich bin auch nich so und gönne jedem seine Satte saure Milch un auch noch was dazu. Aber seit Anno sechs kennt unser Klemm die Havelländischen nich mehr. Un auch die andern nicht, wo er sonst sein feldwebliges Einlager hielt. Er hat die Herrschaft gewechselt. Das tut kein Hund nich. ›Kratzer!‹ Seht, da kommt er schon wieder. ›Kusch dich, Kratzer.‹ Es ist ein treues Tier. Aber dieser Klemm, keine acht Tage, daß die Löffelgarde durchs Hallesche Tor gezogen war, so war er schon liebes Kind mit all und jedem, drängte sich an die Generals und machte den Complaisanten. Da gab es denn Louisdors statt der Dukaten. Ein Schweifwedler ist er und ein Gelegenheitsmacher. Und wie er vor Jena die Franzosen samt ihrem Kaiser aufgefressen hat, so frißt er jetzt die Russen auf und zeichnet uns mit Kreide die ›Mausefalle‹ auf den Tisch, drin er sie fangen will. Aber ich hab es ihm angestrichen.«

In diesem Augenblicke klangen zwei französische Signalhörner, bald auch der dumpfe Ton einer Trommel herüber und unterbrachen den Redestrom Stappenbecks, der sein letztes Wort noch nicht gesprochen zu haben schien. Alle vier blieben stehen und horchten auf, denn auch Schnökel war mittlerweile herangekommen. Der letzte, der sich einfand, war Kratzer; er legte seinen Hals an das Knie seines Herrn, schnoberte in der Luft umher, winselte und gab sich das Ansehen, als ob er auch so seine Betrachtungen habe.

»Sie blasen Retraite«, sagte Stappenbeck mit einem Tone, der den Doppelsinn seiner Rede ausdrücken sollte.

»Gebe es Gott!« antwortete Rabe.

Dann, während die Hörner verklangen, setzten die Männer ihren Heimweg fort. Vor ihnen lag die Stadt mit ihren tausend Lichtern, bis endlich ein Hohlweg, der vom Plateau aus nach dem Tore hinunterführte, ihnen den Anblick der Lichter entzog.

Aber die Sterne des Winterhimmels standen über ihnen und funkelten hell in das neue Jahr hinein.

Blicke in die Zukunft

KURT TUCHOLSKY

Horoskop 1928
Prophezeiungen eines alten Chinesen

Ich werde, meine Herren Mitchinesen,
euch nunmehr etwas aus eurer Zukunft lesen.
Diesen Goldlack lasse ich von dem Plättchen aufsaugen – – –
Und was sehen meine entzündeten Augen?
Im Jahre 1928 werdet ihr oft zu wiederholten Malen
zehn Prozent Einkommensteuer bezahlen –
aber zum Glück nicht aus eurer Vermögensvermehrung,
sondern nur nach eurer Steuererklärung,
Auch werdet ihr durch einen rosa Brief in euern
    Überziehertaschen
eure verehrte Frau Gemahlin auf das erfreulichste überraschen,
als welche euch, weil sie heftig erregt,
ihren Pantoffel um die Ohren schlägt.
Sa – sa –!

Ihr werdet in euern Zeitungen lesen,
daß die Südarmee wieder siegreich gewesen;
und daß der General Tuang-fu-tscho
besiegte den Kontregeneral Tschung-po-po.
Dieses braucht euch aber nicht die Ruhe zu rauben –
ihr müßt mitnichten alles, was in der Zeitung steht, glauben.
Denn dies ist der Zeitung tiefer Sinn:
die bessern Sachen stehen nicht drin.
Sa – sa –!

Ihr werdet ferner, hochverehrte Mitchinesen,
eines neuen Rundfunksenders genesen.
Daran wird der Oberchinese Al-phred-braun
eure Kinder betören sowie eure werten Ehefraun.

In den chinesischen Autobussen werdet ihr gepreßt sein,
und der Reis wird weich, und die Börse vorwiegend fest sein.
Toi – toi –!

Dieses alles ersehe ich aus meinen Zaubergeräten.

Zeuchet nunmehr hin und entbrennet die Neujahrsraketen!
Was aber den 2. Januar angeht, so prophezeie ich hier:
der Kater ist ein durchaus heiliges Tier.
Ich habe schon manchen gesehn, der beneujahrt nach Hause
    rollte,
weil er die ganze Nacht beim sa-cha-rin-sekt tollte,
weswegen er dem Weinstubenwirt am nächsten Morgen heftig
    grollte,
und seine liebe Frau ihm gleich zu Beginn des Jahres schmollte,
indem sie nicht wünschte, daß er sich so zurichten sollte.

Womit ich um ein kleines Trinkgeld oder Douceur gebeten
    haben wollte.

Bracke

Als Bracke in der Silvesternacht zufällig um zwölf Uhr in den Pferdestall seines Herrn, des Hauptmanns von Schlieben, trat, um seine Notdurft zu befriedigen – denn es war draußen bitter kalt –, hörte er, wie zwei Pferde sich miteinander besprachen.

Er schlüpfte hinter eine Krippe und lauschte unbeweglich.

»Wir werden in drei Tagen hart zu schleppen bekommen«, wieherte der braune Hengst.

»Es zieht sich mir das Herz zusammen, wenn ich dran denke«, sprach die schwarze Stute.

»Er war ein guter Herr« – sagte der Hengst.

»Schlug selten mit der Peitsche, gebrauchte wenig die Sporen«, sprach die Stute.

»Jahrelang noch, so wünscht ich's mir, ihn zur Jagd zu führen«, wieherte der Hengst.

»Und in drei Tagen werden wir ihn auf den Kirchhof tragen«, sprach die Stute.

»Der Weg ist steil«, sagte der Hengst.

»Und der Sarg ist schwer«, sprach die Stute.

Darauf schwiegen die Tiere.

Bracke erschrak im Innersten.

Er trat am nächsten Tag vor Eustachius von Schlieben und sprach:

»Herr, in der Silvesternacht reden die Tiere.« »Nun – und was haben sie dir offenbart?« lächelte Eustachius von Schlieben.

»Herr – wenn Euch Euer Leben lieb ist –, bleibt von heute drei Tage im Haus, in Eurer Kammer, rührt Euch nicht vom Fleck – so wird Euch nichts geschehen.«

Der Hauptmann, dem der ernste Ton in der Sprache Brackes nicht entging, fuhr aus dem Sessel auf: »Was ist?«

Bracke sprach:

»Ich kann es Euch nicht sagen. Ich täusche mich vielleicht. Ja: hoffentlich. Ich habe ein feines Ohr. Ich höre den Nachtwind bei Tage. Tut, worum ich Euch bat.«

Der Hauptmann schüttelte den Kopf, aber er tat, was Bracke ihm geraten.

Nachdenklich sah der Hauptmann zum Fenster hinaus. Auf dem Hofe vergnügten sich Mägde und Knechte mit Schneeballwerfen.

Er öffnete das Fenster – ah – die kühle Winterluft tat wohl nach zwei Tagen Stubenhocken. – – –

Freundlich betrachtete er den ungleichen Kampf.

Schon war die Partei der Mägde am Unterliegen.

Die Burschen kamen ihnen ganz nah.

Ihr heißer Atem durchschnob mit silbernen Flügeln die gläserne Luft.

Da flog, von ungeschickter Hand geworfen, ein eisharter Schneeball hinauf gegen das Fenster, wo Eustachius von Schlieben lehnte, und traf ihn mit aller Wucht mitten in die Stirn. Er sank in den Erker hinab zu Boden, tot.

Der Kurfürst erschien, einen Trauerflor um den Helm, zum Begräbnis seines Hauptmanns.

Der braune Hengst und die schwarze Stute zogen den Leichenwagen, den Bracke kutschierte.

Auf einer kahlen Linde sang, trotz des Januar, eine Nachtigall.

Als Bracke an das Grab trat, dem Toten die drei Handvoll Erde nachzuwerfen, schossen ihm Tränen über die Wangen.

Hier starb ein guter Mann – wie wenig gute bleiben noch am Leben.

Wo Brackes Tränen auf die Erde fielen, da schmolz der Schnee, und Primeln blühten.

Die pflückte sich Grieta, die Tochter des Klempners, und steckte sie sich an das Mieder.

ERICH MÜHSAM

Ode zum Jahreswechsel 1916/17

Es birst ein Jahr und fährt in die Ewigkeit.
Ein Jahr des Todes und dunkler Geschicke voll,
stürzt es dem vorigen nach in sein Blutmeer,
räumt es der Zukunft die trostlosen Stätten.

Die kommt gezogen zögernd im Faltenkleid,
umraucht vom Kriege, doch über dem Haupte schon
dämmert ihr neblig ein flackernder Lichtkranz.
Naht sich dem Weltall die Hoffnung auf Frieden?

Es betet brünstig, wer noch an Götter glaubt,
sie möchten enden den schrecklichen Völkermord,
über den Trümmern verschütteter Sehnsucht
Schöneres aufbaun, als Grabmäler decken.

Denn unten faule ewig in Staub und Schutt
der arge Geist, der den Menschen die Waffen schliff.
Nimmer erwache den Völkern die Machtgier,
Feindin der Schönheit und Urgrund des Hasses.

Die Tränen aber, jeglicher Tropfen Bluts,
der Mütter Leid und der Bräute zerstörtes Glück
sammelt im Herzen zu eifernder Andacht,
wehrend dem Kriegszorn mit sieghafter Liebe.

Honi soit, qui mal y pense (1913)

»Du, Fredy, was bedeutet den eigentlich die rote, riesige ›29‹ dort drüben über dem Podium?«

»Na, weißt du, Gibson, du stellst manchmal Fragen!? – Was die ›29‹ bedeutet! – Weshalb sind wir denn hier? – weil Silvester ist – Silvester 1929!«

Die Herren lachten alle über Gibsons Zerstreutheit.

Graf Oskar Gulbransson, der unten im Saale stand, blickte zur Brüstung empor, und als er die fröhlichen Gesichter mit den modischen, lang herabhängenden Schnurrbartspitzen à la chinois über dem verschnörkelten Geländer sah, musste er unwillkürlich mitlachen und rief hinauf: »Jemand einen Witz gemacht, eh? – Messieurs, wenn Sie wüssten, wie furchtbar lustig Sie mit Ihren mongolisch glattrasierten Schädeln da oben auf dem goldenen Balkon aussehen! – Wie Vollbluttataren. – Warten Sie, ich komme auch hinauf, ich muss nur meine Dame auf ihren Sitz führen. – Es fängt nämlich gleich an –: die Komtesse Jeiteles wird ein Lied von Kurt Sperling singen und der Komponist sie selber auf der Harfe begleiten, kurz: – (er legte die Hände wie Schalldämpfer an die Wangen) – es wird schau-der-haft!«

»Wirklich ein prachtvoller alter Aristokrat, dieser Graf Oskar, – riesig vornehm, und wie er durch das gelbe Seidengewimmel da unten schießt, wie ein Hecht«, sagte einer der Herren, ein Russe, namens Zybin. »Ich habe neulich ein Bild von ihm in der Hand gehabt, wie er vor fünfundzwanzig Jahren oder so ungefähr, aussah, – Frack, – ganz schwarz – von anno dazumal, aber trotzdem verdammt elegant.«

»Muss übrigens eine scheußliche Mode gewesen sein; schon die Idee, sich anliegend und noch dazu schwarz zu kleiden«, warf Fred Hamilton dazwischen, »wenn da auf einem Balle ein paar Herren bei einer Dame standen, musste das ja rein aussehen, als ob sich die Raben um ein Aas – – – – – –« »In galanten Vergleichen leisten Sie wirklich Übernatürliches, Fredy«, unterbrach der Graf, der etwas atemlos, so schnell war er die Stufen hinaufgelaufen, hinzutrat – »aber jetzt rasch, Messieurs, ein Glas Sekt, ich habe mich von Frau Werie bereits verabschiedet und möchte mich recht, recht, recht amüsieren.«

»Apropos, Graf, wer ist das junge Mädchen dort?«, fragte Gibson, der immer noch von der Balustrade in den oval gebauten Saal hinabsah, aus dem eine Flut von hellroten Polstern, zu Sitzen für die Zuschauer aufeinandergelegt, in entzückendem Kontrast zu den goldgelben türkischen Pluderhosen der Damen und eine Nuance dunkleren Togavestons der Herren hervorleuchtete.

»Welche meinen Sie, lieber Gibson?«

»Die dekolletierte dort.«

Allgemeine Heiterkeit.

»Sie sind wirklich köstlich, Gibson; – die dekolletierte! – Es sind doch alle dekolletiert! – Aber ich weiß, wen Sie meinen, – die kleine Chinesin, nicht wahr, neben dem Professor R. mit dem schlecht rasierten Kopf? – Das ist ein Fräulein von Chün-lüntsang. – – – – Ah, da ist ja schon der Champagner!«

Ein livrierter Pavian war vorgetreten und wies zum Zeichen, dass der Wein serviert sei, mit seiner zottigen Hand auf den schillernden Vorhang, der den Hintergrund des Balkons abschloss.

»Eigentlich für Affen eine sehr kleidsame Tracht«, bemerkte ein Herr halblaut, um das Tier, das mittels Hypnose dressiert war und jedes Wort verstand, nicht zu kränken.

»Besonders die Idee, die Knöpfe mit Nummern zu versehen, ist sehr sinnreich, – dadurch kann man sie voneinander unterscheiden«, setzte Fredy hinzu. »Übrigens erinnert das an die kriegerisch lächerlichen Zeiten vor fünfundzwanzig Jahren. – – –«

Der dröhnende Schall einer Tritonmuschel schnitt ihm das Wort ab: das Konzert begann.

Die Bogenlampen erloschen, und der Saal in seinem zarten

Schmuck aus japanischen Pfirsichblüten und Efeu versank in tiefe Finsternis.

»Gehen wir, Messieurs, es ist höchste Zeit, – sonst überrascht uns der Gesang«, flüsterte der Graf, und man schlich auf den Zehen in das Trinkzelt.

Hier war alles schon vorbereitet, – die Atlaspolster im Kreise geordnet und zum Sitzen oder Liegen geschlichtet, kleine Wannen aus Chinaporzellan daneben, voll Nelkenblätter zum Trocknen der Finger; – die Sektkelche, mit dem perlenden Gemisch von indischem Soma und Champagner soeben angefüllt, staken in Schulterhöhe in goldenen Drahtschlingen, die vom Plafond herabhängend durch rhythmisch leises Erzittern den Wein in stetem Moussieren erhielten. Von den Zeltwänden strahlte gleichmäßig mildes Kaltlicht aus und floss in märchenhaftem Glanze über die weichen seidenen Teppiche.

»Ich glaube, heute bin ich an der Reihe?«, sagte Monsieur Choat, ein kirgisischer Edelmann. »Jumbo, Jumbo«, – und er rief in den winzigen Schalltrichter an dem Metallstab, der mitten vom Boden des Gemaches empor durch einen Ausschnitt im Plafond bis zur vollen Höhe des Hauses reichte; – »Jumbo, Jumbo, die Kugel, rasch, rasch!«

Im nächsten Augenblick glitt der Affe lautlos aus der Dunkelheit die Stange herab, befestigte eine kopfgroße, geschliffene Beryllkugel an zwei Schlingen und verschwand behende wieder in die Höhe.

Der Kirgise zog ein Mescal-Etui hervor und warf den weiten Seidenärmel zurück: »Darf ich vielleicht einen der Herren bitten?!« –

Geschickt brachte ihm der Graf mit einer Pravazschen Spritze eine Injektion am Arme bei: »So, das wird gerade für eine oder zwei Visionen ausreichen.«

Monsieur Choat schob die Beryllkugel ein wenig höher, so dass er sie bequem fixieren konnte, und lehnte sich zurück: »Also – worauf soll ich meine Gedanken richten, meine Herren?«

»Auf den neuen Propheten in Shambala, – Szenen aus einer

römischen Arena, – Orionnebel, – Buddha im Stiftungsgarten Kosambi«, riefen alle durcheinander; jeder wollte etwas anderes. –

»Wie wäre es, wenn Sie einmal erforschen wollten, wo eigentlich das Paradies gestanden haben mag«, schlug Graf Oskar vor.

Gibson nützte die günstige Gelegenheit und schlüpfte unbemerkt aus dem Zelt, er hatte dies visionäre Schauen – diesen neuen Sport – nachgerade satt bis zum Überdruss, was kam dabei heraus? Farbenprächtige Halluzinationen, die jeder schilderte, so lebendig er konnte, – und was es eigentlich sei, ob unbewusste Gedanken, die der Beryll reflektierte, ob vergessene Vorstellungen aus früherem Dasein, war doch niemand zu sagen imstande.

Er trat an die Brüstung und schaute hinab.

Harfenakkorde, durchbrochen von abgerissen gesungenen Tönen, die zuweilen im Hintergrunde von einem jähen intensiven Aufblitzen eines Lichtfunkens, – rot, blau, grün, – begleitet waren, zitterten durch die Dunkelheit. – Moderne Musik!

Er lauschte gespannt diesen aufregenden Weckrufen, die seltsam ruckweise an das Herz brandeten, als sollten sie beim nächsten Pulsschlag die durch das Leben dünngeschabten Scheidewände der Seele zu neuer, unerhörter Verzückung durchbrechen.

Der Saal da unten lag in Finsternis, nur die Diamantagraffen im Haar und am Halse der Frauen und Mädchen warfen funkelnd den Schein von winzigen Radiumperlen, die wie Leuchtkäfer grünlich erglommen, auf in Opalpuder schimmernde Busen.

Unbeweglich standen die Herren hinter ihren Damen, und hie und da sah man die vergoldeten Fingernägel aufblitzen, wenn sie, Kühlung zufächelnd mit der Hand, in die unmittelbare Nähe des phosphoreszierenden Haarschmuckes gerieten.

Gibson mühte sich den Platz herauszufinden, wo Fräulein von Chün-lün-tsang sitzen musste. – Noch heute wollte er den Grafen bitten, ihn vorzustellen – – – – –, da fasste ihn jemand am Arm und zog ihn höflich in das Zelt zurück.

»Ach, verzeihen Sie, lieber Gibson, wenn wir Sie gestört haben, – aber Sie sind ja ein großer Schriftgelehrter, und Monsieur Choat hat da so merkwürdige Visionen im Beryll gehabt und meint, dass sie sich wirklich auf das Paradies, – den Garten Eden, – beziehen könnten.«

»Ja, denken Sie nur, eine vorsintflutliche unendlich üppige Landschaft erschien mir«, bestätigte der Kirgise, »dabei Nordlicht, unsagbar prachtvoll, – weiß mit rosa Rändern, wie Spitzen herabhängend vom Himmel, und die Sonne, glühend rot, zog am Horizont entlang, ohne unterzugehen; es war, als ob sich das Firmament im Kreise drehe und – – –«

»Das sind doch alles die Himmelszeichen des *Polarkreises*, nicht wahr? – Denken Sie nur, die Wiege der Menschheit auf dem *Nordpol!*« unterbrach Graf Oskar. – Übrigens tropisches Klima war tatsächlich in grauer Vorzeit dort oben.«

Gibson nickte mit dem Kopf: »Wissen Sie, dass das alles *sehr* merkwürdig ist, – wie heißt es denn nur schnell im Zendavesta? Ja: *›Dort oben sah man die Sonne, die Sterne, den Mond einmal nur kommen und gehen im Jahr‹*, – und: – *›es schien ein Jahr ein einz'ger Tag zu sein‹*, auch steht im Rig-Veda, dass damals die Morgendämmerung tagelang am Himmel stand, ehe die Sonne aufging (die Herren stießen sich an: was der Mensch für ein unglaubliches Gedächtnis hat), und dann sagt schon Anaximenes – – –«

»Ich bitte dich um Gotteswillen, hör schon auf mit deiner Gelehrsamkeit«, rief Fredy und schlug den Vorhang zurück. – »Ah: die Musik ist aus.«

Blendende Helle strömte herein.

Ein *plätscherndes, pritschelndes, tätschelndes* Geräusch erfüllte den Saal und wollte nicht enden. –

»Welch ein Applaus, meine Herren, sehen Sie nur, wie der Opalpuder in die Luft steigt, – über die Brüstung kommt eine wahre Wolke herauf.«

»Eine recht merkwürdige Mode, diese Art zu applaudieren«, sagte jemand. »Dass sie übrigens dezent wäre, könnte man nicht – – –«

»Na, und wie weh das tun muss, – ich möchte keine Dame sein, bestimmt nicht – – – à propos, wissen Sie nicht, Graf, wer die erste war, die diese Mode erfand?«

»Das kann ich Ihnen ganz genau sagen«, sagte dieser lachend, »das war vor Jahren die Fürstin Juppihoy, eine sehr korpulente Dame, die gewettet hatte, die Menge werde ihr *auch das* nachmachen, – und sie hatte nicht nur die Courage, sondern auch – – – die Dekolletage dazu. – Sie können sich vorstellen, welches Entsetzen das damals erregte.«

Wieder erscholl das *plätschernde, pritschelnde, tätschelnde* Geräusch aus dem Saal empor.

Die kleine Gesellschaft schwieg nachdenklich.

»Warum eigentlich die Herren nicht auch mit applaudieren dürfen«, sagte plötzlich Gibson träumerisch.

Einen Augenblick große Verblüffung, dann brachen alle in ein stürmisches, schallendes Gelächter aus.

Gibson wurde rot: »Aber ich meine es doch gar nicht so; honi soit, qui mal y pense.« – – –

Die Heiterkeit verdoppelte sich; Fred Hamilton wand sich auf seinem Polster; »Ha, ha, ha, um Gotteswillen, hör auf, – ich sterbe, – mir scheint, du hast an deine kleine Chinesin gedacht.«

Dröhnende Gongschläge hallten durch das Haus.

Der Graf hob sein Glas in die Höhe: »Messieurs, wollen Sie nicht anstoßen, so hören Sie doch«, – vor Lachen konnte er kaum weitersprechen, – »Messieurs, – es schlägt soeben 24 Uhr, – prosit Neujahr 1929, prosit, prosit!« –

Neujahrslied

Wer kömmt! Wer kauft von meiner War'!
Devisen auf das neue Jahr,
Für alle Stände.
Und fehlt auch einer hie und da,
Ein einz'ger Handschuh paßt sich ja
An zwanzig Hände.

Du Jugend, die du tändelnd liebst,
Ein Küßchen um ein Küßchen gibst,
Unschuldig heiter.
Jetzt lebst du noch ein wenig dumm;
Geh nur erst dieses Jahr herum,
So bist du weiter.

Die ihr schon Amors Wege kennt
Und schon ein bißchen lichter brennt,
Ihr macht mir bange.
Zum Ernst, ihr Kinder, von dem Spaß!
Das Jahr! zur höchsten Not noch das,
Sonst währt's zu lange.

Du junger Mann, du junge Frau,
Lebt nicht zu treu, nicht zu genau
In enger Ehe.
Die Eifersucht quält manches Haus
Und trägt am Ende doch nichts aus
Als doppelt Wehe.

Der Witwer wünscht in seiner Not,
Zur sel'gen Frau durch schnellen Tod
Geführt zu werden.
Du guter Mann, nicht so verzagt!
Das, was dir fehlt, das, was dich plagt,
Findst du auf Erden.

Ihr, die ihr Misogyne heißt,
Der Wein heb euern großen Geist
Beständig höher.
Zwar Wein beschwöret oft den Kopf,
Doch der tut manchem Ehetropf
Wohl zehnmal weher.

Der Himmel geb zur Frühlingszeit
Mir manches Lied voll Munterkeit,
Und euch gefall es.
Ihr lieben Mädchen, singt sie mit,
Dann ist mein Wunsch am letzten Schritt,
Dann hab ich alles.

Quellenverzeichnis

Hans Christian Andersen (1805–1875): Das kleine Mädchen mit den Schwefelhölzern. Aus: Sämmtliche Märchen. Leipzig, Abel & Müller 1899.

Achim von Arnim (1781–1831): Sylvester-Lied. Aus: Sämtliche Werke. Berlin, Veit 1976.

Sebastian Brant (1457/58–1521): Von Beobachtung des Gestirns. Aus: Das Narrenschiff. Übertragen von H. A. Junghans. Stuttgart, Reclam 1992.

Clemens Brentano (1778–1842): An Achim von Arnim. Aus: Achim von Arnim u. Clemens Brentano: Freundschaftsbriefe. Frankfurt am Main, Eichborn 1998.

Matthias Claudius (1740–1815): Des alten 87lahmen Invaliden Görgel sein Neujahrswunsch. Aus: Werke in einem Band. Hamburg, Hoffmann und Campe 1965.

Damen Conversations Lexikon: Neujahr. Aus: Damen Conversations Lexikon, Band 7. Leipzig, Volckmar 1836.

Max Dauthendey (1867–1918): Zur Stunde der Maus. Aus: Geschichten aus den vier Winden. München, Langen 1916.

Daniel Defoe (1660–1731): Robinson Crusoe. Aus: Der vollständige Robinson Crusoe. Constanz, Wallis 1829.

Annette von Droste-Hülshoff (1797–1848): Neujahrsnacht; Am Neujahrstage. Aus: Sämtliche Werke in zwei Bänden. München, Winkler 1978.

Theodor Fontane (1819–1898): Auf dem Windmühlenberge. Aus: Romane und Erzählungen in acht Bänden. Berlin und Weimar, Aufbau 1973; Spätes Ehestandsglück. Aus: Sämtliche Werke. München, Nymphenburger Verlagsbuchhandlung 1959–1975.

Georg Forster (1754–1794): Anrede an die Gesellschaft der Freunde der Freiheit und Gleichheit am Neujahrstage 1793. Aus: Werke in vier Bänden. Bd. 3. Leipzig, Insel 1971.

Johann Wolfgang Goethe (1749–1832). An Schiller. Aus: Der Briefwechsel zwischen Schiller und Goethe. Hrsg. v. Emil Staiger. Frankfurt am Main, Insel 1977; Neujahrslied. Aus: Berliner Ausgabe. Poetische Werke. Berlin, Aufbau 1960 ff.

Andreas Gryphius (1616–1664): Neujahrs-Wunsch an Eugenien. Gesamtausgabe der deutschsprachigen Werke. Tübingen Niemeyer 1963.

Friedrich Hebbel (1813–1863): Aus dem Tagebuch; Abenteuer am Neujahrs-Abend. Aus: Tagebücher. München, Hanser 1966/67.

Johann Peter Hebel (1760–1826): Neujahrslied (Auszug). Aus: Sämmtliche Werke. Bd. 2. Karlsruhe, Verlag der Chr. Fr. Müller'schen Hofbuchhandlung 1834.

Caroline Herder (1750–1809): An Johann Gottfried Herder. Aus: Johann Gottfried Herder. Italienische Reise. Briefe und Tagebuchaufzeichnungen 1788–1789. München, dtv 1988.

August Heinrich Hoffmann von Fallersleben (1798–1874): Neujahrslied. Aus: Deutsche Lieder aus der Schweiz, Hildesheim/New York, Olms 1975.

E.T.A. Hoffmann (1776–1822): An Theodor Gottlieb von Hippel. Aus: Briefwechsel. Bd. 1. München, Winkler 1967.

Jean Paul (d.i. Johann Paul Friedrich Richter, 1763–1825): Der einsame Neujahrtag. Aus: Siebenkäs. Sämtliche Werke. München, Hanser 1959.

Franz Kafka (1883–1924): An Felice Bauer. Aus: Briefe an Felice. Frankfurt am Main, Fischer 1983.

Klabund (d.i. Alfred Henschke, 1890–1928): Bracke. Aus: Der himmlische Vagant. Köln, Kiepenheuer und Witsch 1968.

Heinrich von Kleist (1777–1811): Neujahrswunsch eines Feuerwerkers an seinen Hauptmann, aus dem siebenjährigen Kriege. Aus: Sämtliche Werke und Briefe. München, Hanser 1984.

Gotthold Ephraim Lessing (1729–1781): An Dorothea Salome Lessing. Aus: Lessings Briefe in einem Band. Berlin und Weimar, Aufbau 1983.

Liä Dsi (um 450 v. Chr.): Grausame Güte. Aus: Das wahre Buch vom quellenden Urgrund. Jena, Diederichs 1921.

Georg Christoph Lichtenberg (1742–1799): Zwei Neujahrswünsche. Aus: Schriften und Briefe. München, Hanser 1968.

Franz Marc (1880–1916): Ein Brief. Aus: Briefe, Schriften, Aufzeichnungen. Leipzig, Gustav Kiepenheuer 1989.

Conrad Ferdinand Meyer (1825–1898): Neujahrsglocken. Aus: Sämtliche Werke in zwei Bänden. München, Winkler 1968.

Gustav Meyrink (d.i. Gustav Meyer, 1868–1932): Honi soit, qui mal y pense. Aus: Des deutschen Spießers Wunderhorn. München, Langen 1913.

Eduard Mörike (1804–1875): Zum Neujahr. Aus: Gedichte. Stuttgart, Göschen 1867.

Karl Philipp Moritz (1756–1793): Anton Reiser. Aus: Werke. Frankfurt am Main, Insel 1981.

Wolfgang Amadeus Mozart (1756–1791): An den Vater. Aus: Briefe. Eine Auswahl. Berlin, Henschelverlag 1989.

Erich Mühsam (1878–1934): Ode zum Jahreswechsel 1916/17. Aus: Ausgewählte Werke. Berlin, Volk und Welt 1978.

Neujahrswunsch. Anonym.

Friedrich Nietzsche (1844–1900): An Franziska Nietzsche und Elisabeth Nietzsche. Aus: Werke in drei Bänden. München, Hanser 1956.

Opfer am Fest des Hornblasens, am Versöhnungstag und am Laubhüttenfest. Aus: Die ganze Heilige Schrift. Übersetzt von Martin Luther. Ausgabe 1912.

Martin Opitz (1597–1639): Neujahrs-Getichte. Aus: Weltliche und geistliche Dichtung, Berlin und Stuttgart, Spemann 1889.

Pierer's Universal-Lexikon: Neujahr. Aus: Pierer's Universal-Lexikon, Altenburg, Pierer 1857–1865.

Eustachius Graf Pilati von Thassul zu Daxberg: Prost Neujahr! Aus: Etikette-Plaudereien. Berlin. Deutsches Druck- und Verlagshaus 1906.

August von Platen (1796–1835): In der Neujahrsnacht. Aus: Werke in zwei Bänden. München, Winkler 1982.

Hermann von Pückler-Muskau (1785–1871): Nachrichten aus Britannien. Aus: Briefe eines Verstorbenen. Berlin, Rütten & Löning 1987.

Joachim Ringelnatz (d.i. Hans Gustav Bötticher, 1883–1934): Silvester. Aus: Das Gesamtwerk in sieben Bänden. Zürich, Diogenes 1994.

Friedrich Rückert (1788–1866): Aus den Kindertotenliedern. Aus: Kindertodtenlieder. Nördlingen, Greno 1988.

Paul Scheerbart (1863–1915): Das Gespensterfest. Eine Silvestergeschichte. Aus: Das große Licht. Gesammelte Münchhausiaden. Frankfurt am Main, Suhrkamp 1987.

Arno Schmidt (1914–1979): Die Abenteuer der Sylvesternacht. Aus: Ausgewählte Erzählungen. Frankfurt am Main, Fischer Taschenbuch Verlag 1998. © S. Fischer Verlag GmbH, Frankfurt am Main 1998.

Daniel Christian Schubart (1739–1791): Neujahrswunsch. Aus: Deutsche Chronik auf das Jahr 1775. Heidelberg, Schneider 1975.

Julius Stettenheim (1831–1916): Das Neujahrsfest. Aus: Der moderne Knigge. Berlin, Hofmann 1902.

Ludwig Thoma (1867–1921): Neujahr bei Pastors. Aus: Gesammelte Werke in sechs Bänden. München, Piper 1968.

Lew Tolstoj (1828–1910): Silvesterball. Aus: Krieg und Frieden. Leipzig, Insel 1922.

Kurt Tucholsky (1890–1935): Ein Betrunkener in der Wilhelmstraße; Herrn Wendriners Jahr fängt gut an; Horoskop 1928. Aus: Gesammelte Werke in zehn Bänden. Reinbek bei Hamburg, Rowohlt 1975.

Ludwig Uhland (1787–1862): Neujahrswunsch. 1817. Aus: Werke. München, Winkler 1980.

Weihnachts- und Neujahrs-Geschenke. Aus: Sitten, Gebräuche und Narrheiten alter und neuer Zeit. Berlin, Matzdorff 1806.